소리로
시작하는
영어 그림책

파닉스가 쉬워지는 음운 단계별 인풋 가이드

소리로 시작하는 영어 그림책

조이스 박
×
현서아빠 배성기

지음

서사원

프롤로그

영어 그림책으로 아이에게
더 넓은 세상을 보여주세요

　영어교육에 대해서는 무성한 말들이 난무합니다. 영어를 잘하는 사람들, 영어권에서 오래 산 사람들, 자녀가 영어를 잘하는 사람들 등등, 저마다 다양한 목소리를 냅니다. 그런 한국의 영어교육 현장을 찬찬히 둘러보며 어떻게 하면 영어 읽기의 로드맵을 제대로 보여줄 수 있을까 하는 고민으로 《조이스박의 오이스터 교육법》이라는 전작을 냈습니다. 그리고 영어 읽기에 대해서 더 많이 강연하게 되었고, 더 많은 분들을 만나며 더 많은 질문들을 받았습니다.

　그중에서 유독 무겁게 다가왔던 질문은 문자 습득, 그러니까 파닉스 이전에 음성 언어로 영어에 노출해주라고 하는데, 대체 어떻게 해야 하냐는 질문이었어요. 그래서 연구 자료도 찾아보고, 영어교육

현장에서는 어떻게 말하고 있나 열심히 찾아보았습니다. 사실 음성 언어로 영어에 노출하는 일은 영어권에서 살지 않는 한, 양육자가 집에서 떠맡아야 하는 홈리터러시 영역에 들어갑니다. 그래서 많은 부모님들이 고민을 하시더라고요. 도대체 무엇을 어떻게 해야 하지? 여기저기 묻고 찾아보면서요.

이 질문을 가지고 한국의 영어교육 현장을 둘러보니, 이 부분을 건드리는 분들이 있기는 한데, 누군가는 마더구스를 얘기하고, 또 누군가는 유튜브로 영어 동영상을 보여주는 얘기를 하고, 또 누군가는 영어유치원을 얘기하고 등등 다양한 접근법이 산재해 있었어요.

그래서 아이들이 문자 습득으로 넘어가기 전에 음성 언어로 영어를 노출시키는 것을 로드맵으로 제시할 수 없을까 많이 고민했습니다. 그리고 잣대로 삼을 만한 기준을 찾아냈습니다. 바로 원어민 아이들의 음운 발달 phonological awareness 단계입니다.

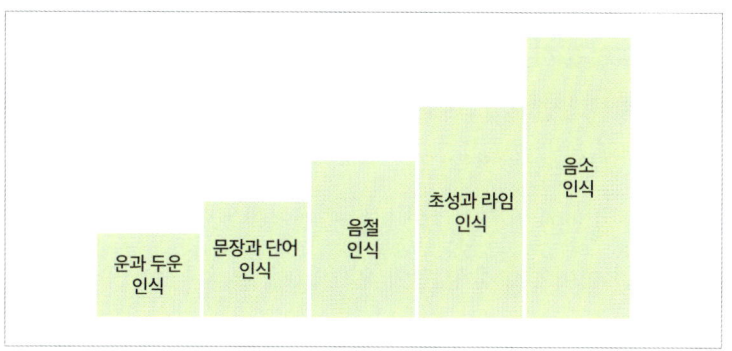

음운 인식 발달 5단계

원어민 아이들은 이 순서대로 발전합니다. 사실 아이들이 받는 모국어 인풋은 그 레벨이 중구난방이에요. 아이들은 이해할 수 있는 아주 쉬운 언어 인풋만 받는 게 아닙니다. 자신들에게 말을 거는 어른들의 말도 듣지만, 어른들끼리 하는 말도 듣고, TV에서 나오는 말도 듣고 있으니까요. 인풋이 중구난방으로 섞여서 들어가도 아이들은 저 단계대로 발전합니다. 모국어는 오랜 시간 천천히 아이의 인지와 더불어 같이 발달하니까요. 모로 가도 서울만 가면 되는 식으로 모국어 발달은 인풋을 섞어서 받아도 충분한 시간을 거치며 저 단계대로 발전합니다(누구에게나 모국어 발달은 동일합니다).

하지만 영어를 외국어로 배우는 아이들은 모국어를 어느 정도 할 수 있게 된 후에 영어를 접하게 되고, 동시에 접한다고 해도 노출의 양이나 질이 영어를 모국어로 하는 아이들이 받는 인풋에 비하면 떨어질 수밖에 없습니다. 즉 제한된 시간 동안 제한된 인풋을 가지고 영어 발달을 해야 한다는 거지요. 이럴 경우 인풋을 줄 때, 저 단계대로 주는 것이 가장 효과적입니다. 외국어로 영어를 하는 아이들은 모로 돌아갈 시간이 없으니까요.

여기에서 착안해서 라이밍rhyming과 두운 발달, 문장 속 단어 구분, 음절 구분, 초성onset과 라임rime 구분, 음소 인식까지 차례대로 어떻게 음성 언어 인풋을 주면 되는지 정리해 보았습니다.

집에서 아이에게 음성 언어 인풋을 줄 때 염두에 두어야 하는 인풋 순서를 위와 같이 했을 때 효율적으로 아이를 코칭할 수 있습니다.

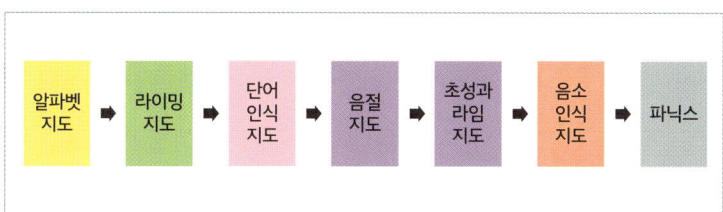

음성 언어 인풋 단계

이 책에서 저는 주로 영어 그림책을 통해 인풋을 주는 데 치중해서 이 순서로 챕터를 전개했습니다. 너무 책에만 인풋이 치우치는 일을 방지하기 위해 각 그림책의 유튜브 리드 얼라우드 링크를 찾아 곁들였고, 더불어서 현서 아빠 배성기 선생님이 유튜브 동영상을 찾아보는 법을 제시해주셨어요(이 책의 〈부록〉 참고). 이렇게 하면 여기저기 흩어져 있던 음성 언어 노출 방법이 단계별로 정리가 되어서 좀 더 효율적으로 부모님이나 강사 분들이 참고하며 따라하실 수 있지 않을까 합니다.

참, 문자 습득, 즉 파닉스는 언제 시작하냐고요? 음소 인식이 어느 정도 생기면 시작하면 됩니다. 음성 언어 단계에서는 책을 같이 읽고 글자를 보여주기는 해도, 부모와 선생님이 읽어주고 아이는 그냥 책 앞에 앉아서 책 내용에 참여만 하면 됩니다. 유튜브 동영상은 절대 아이가 혼자 보게 하면 안 되고, 옆에 어른이 붙어 앉아서 내용을 같이 듣고 함께 따라하고, 내용에 대해 상호작용을 해주셔야 합니다.

어찌 보면 문자 습득 전 단계는 백조가 물밑에서 바지런히 발을 열심히 구르며 움직이는 단계와 같습니다. 겉으로 드러나 보이는 모습이 한동안 없을 수도 있어요. 하지만 음성 언어 인풋이 충분히 쌓였을 때 마치 백조가 날개를 펴고 물 위로 날아가듯이, 아이들이 입을 열고 영어로 말하기 시작하고 영어를 읽기 시작할 거예요. 그때까지 아이를 키우고 가르치는 우리는 묵묵히 미소 지으며 아이들이 거쳐야 하는 단계, 그 발걸음을 한 걸음 한 걸음 같이 할 수 있을 거라 믿습니다. 참고로 이 원고는 2023년 가을 〈중앙일보〉 '헬로 페어런츠'에 11주 동안 연재했던 내용을 수정 및 확장했습니다.

조이스 박

Children are made readers on
the laps of their parents.
아이들은 부모의 무릎 위에서 독자가 된다.
—에밀리 부크월드 Emilie Buchwald

차례

프롤로그
영어 그림책으로 아이에게 더 넓은 세상을 보여주세요　　4

영어 노출, 문장이 되는 명사에 주목하라　　12
"따라 쓰기 소용없다" 아이 뇌에 알파벳을 새기는 놀이법　　24
모국어처럼 영어에 노출하려면? 힙합 하듯이 이걸 들려주자　　48
덩어리째 들리는 영어, 문장 속 '단어 듣기'부터 시작하자　　63
"버스와 bus, 어떻게 다를까?" 원어민 발음의 비밀　　79
파닉스 시작 전에 체크해야 하는 6가지　　94

Home Literacy Guide for Parents
BEFORE PHONICS

영어를 종이책으로 배워야 하는 결정적 이유	112
영어 동시와 영어 그림책 읽기	127
아이와 함께 세상을 읽는 콘셉트 북	139
엄마표 질문을 한 번에 만든다. 챗GPT '영어 그림책' 활용법	152
영어 교육 전문가가 그림책을 30번 읽고 놀란 이유	170
더 넓은 세상을 보여주는 그림책	181

 음운 단계에 맞는 유튜브 영상_현서아빠

영어는 '소리'로 경험하고 즐기는 게 우선이다   192

영어 노출, 문장이 되는 명사에 주목하라

처음 말한 영어가 문장이었다, 36개월 아이에게서 찾아낸 비결

"에이 비 씨 디 이 에프 지~~~."

아이가 ABC송을 부릅니다. 부모는 흐뭇하게 쳐다봅니다. '이제 아이가 영어를 시작하는구나!' 하며 기뻐합니다. 하지만 고민도 시작됩니다. 어떻게 해야 영어 학습으로 잘 이끌 수 있을까? 영어 교육에 관한 조언은 차고 넘칩니다. '이렇게 가르쳐라'에서부터 '절대 이렇게 하지 말아라'까지요.

한 가지 방법을 교주처럼 외치는 일은 쉽습니다. 성공한 예를 하나 보여주면서 외치면 더욱 효과적이지요. 하지만 사람은 모두 다르기 때문에 효과적인 단 한 가지 방법이란 없습니다. 영어 교육도 마찬가지죠. 그래서 영어를 가르치는 방법을 가르쳐 드리기보다 아이를 영어의 세계로 인도하기 전에 먼저 알아 두어야 하는 원칙부터 몇 가지 짚고 넘어가고자 합니다.

어느 날 문장에서 단어를 짚어낸다

영어를 가르치기에 앞서 가장 먼저 새겨야 할 원칙은 지금 어린이가 사는 세상이 **음성 언어 세상**이라는 점입니다. 어른들은 어떤 말을 들으면 머릿속에서 그 내용을 자동으로 '단어' 단위로 분절해 이해합니다.

하지만 아이들은 다릅니다. 귀로만 들으며 언어를 접할 때 단어 개념이 없습니다. 그냥 소리로 이어진 덩어리 a string of speech를 듣고 있을 뿐이죠. 모국어 습득 과정에서도 아이는 처음엔 두 음절 이상을 제대로 발음하지 못하다가 점차 세 음절 이상의 말도 할 수 있게 되고 어휘도 서서히 늘어나는 과정을 겪습니다. 이 시기에는 아이가 단어를 하나하나 구분하지 못하더라도, 주변 어른들은 아이의 말하는 내용에 집중하기 때문에, 아이가 실제로 단어 경계를 인식하지 못하고 있다는 점은 쉽게 드러나지 않습니다. 아이는 자라면서 자연스럽게 문맥과 반복을 통해 단어의 경계 boundary를 파악해 나갑니다.

하지만 외국어를 학습할 때는 상황이 다릅니다. 의미나 문맥 없이 단어를 무작정 반복해서 들려주면, 아이는 단어를 '덩어리 속 소리'로만 인식한 채 지나칠 수 있습니다. 그래서 어린이 영어 교육에서 가장 중요한 것은, 단어가 아닌 청각 기반의 유의미한 언어 경험을 풍부하게 제공하는 것입니다. 즉, 듣기→이해→표현의 자연스러운 순서를 따라야 하며, 단어 중심보다는 문맥과 상황 속 언어 덩어리를 통해 영어와 친숙해지도록 도와주는 접근이 필요합니다. 성인이 언어를 배울 땐 알파벳을 배우고, 단어를 배운 뒤 그 단어를 조합해 문장을 습득합니다. 이런 흐름으로 배우는 게 논리적으로 보이지만, 아이들에게도 그런 건 아닙니다.

제가 영국에서 유학 중일 때 일입니다. 아는 언니가 36개월 된 아들을 데리고 유학을 왔죠. 아이는 곧 매일 두 시간씩 공립 어린이집nursery에 다니기 시작했습니다. 아이는 영어를 전혀 모르는 상태였어요. 아이가 가장 처음에 배운 말은 뭐였을까요?

Mum(엄마를 뜻하는 'Mom'의 영국식 표현)? Teacher(선생님)? Toilet(화장실)? 아닙니다.

'It'sTIMEtogoHOME!(집에 갈 시간이야!)'이었어요.

아이 입장에서 한 번 상상해 볼까요? 매일 엄마 아빠가 자기를 이상하게 생긴, 말도 제대로 안 통하는 사람들 사이에 데려다 놓습니다. 무섭습니다. 눈치를 봐가며 다른 아이들을 따라 그림도 그리고 박수도 치면서 시간을 보냅니다.

한참 후 이상하게 생긴 어른이 "It'sTIMEtogoHOME!"이라고 말합니다. 그럼 아이는 비로소 이 이상한 공간에서 풀려나 엄마 아빠를 만날 수 있죠. 아마 아이는 2시간 내내 언제 선생님이 저 말을 하고 나를 풀어주려나 기다리고 있기 때문에 가장 먼저 저 말을 배웁니다. 아이들은 가장 자신들에게 유의미한 말meaningful input을 먼저 배우니까요. 그렇게 두 달 정도 지난 어느 날 아이가 엄마에게 말합니다.

"엄마, home이 집이고, time이 시간이지?"

귀로만 듣는 아이에게 처음에 "it's time to go home"은 그냥 하나의 덩어리로 들립니다. 다만 높낮이가 있을 뿐이죠. 그러다 두어 달이 지나면서 드디어 이 문장에서 가장 중요한 의미를 가진 단어 content word 두 개를 헤아려냅니다.

영어는 명사 중심, 문장 역할하는 명사에 주목하라

그렇다면 문장을 먼저 주고 단어를 나중에 주어야 할까요? 결론부터 말씀드리면, 그렇지는 않습니다. 영어는 명사 중심의 언어예요 (참고로 한국어는 서술어, 즉 용언 중심의 언어입니다).

토론토대학교 언어학과 니나 스파다Nina Spada 교수와 미국의 응용 언어학자 패치 라이트보운Patsy M. Lightbown이 쓴 『외국어 교사를 위한 외국어 습득론How Languages Are Learned』이란 책에 영어를 모국어로 쓰는 아이들과 한국인 아이들을 대상으로 한 재미있는 실험이 나옵니다.

영어 원어민 아이들은 명사 중심의 과업task에서 높은 수행도 performance를 보였고, 한국인 아이들은 용언 중심의 과업에서 높은 수행도를 보였다는 건데요. 즉, 아이들에게 말로 무언가를 해보라고 요청했을 때, 영어 원어민 아이들은 명사 중심으로 의사소통을 해서 과업을 잘 수행했고, 한국인 아이들은 용언(서술어) 중심으로 의사소통을 해야 과업을 잘 수행했다는 뜻입니다. 이는 영어는 명사를 중심으로 말하는 게 쉽다는 의미이기도 합니다. 다시 말하면, 영어는 명사 하나가 하나의 문장처럼 기능할 수 있어요. 예를 들어 "Milk, please!"라는 '명사+please'로 영어 원어민 아이들은 우유를 달라는 가장 기본적인 요구를 전달할 수 있습니다.

따라서 영어를 음성 언어로 가르칠 때 하나의 단어가 하나의 문장과 같이 기능하는 표현부터 시작하면 좋습니다. 물론 어떤 언어이든 명사가 익히기에 가장 쉽습니다. 제시하기도 쉽고요. 하지만 명사 하나에 작은 단어 하나를 더 얹어서 의사소통을 성공적으로 할 수 있다는 특징은 모든 언어에 있는 게 아닙니다.

Milk가 '우유'라는 뜻의 단어라는 걸 아는 것보다 "milk, please!"라는 말을 하는 게 더 중요하다는 뜻입니다. 의사소통을 하는 맥락 안에서 하나의 문장과 같은 역할을 하는 명사를 중심으로 영어를 알려주게 되니까요. 단어를 눈으로 보고 따라 읽으며 머리에 새기는 학습보다 실제 사용use하는 상황에 넣어서 활용하는 법이 더욱 강력한 학습 비법입니다. 'please'라는 단어가 정말 중요한 이유죠. 이것만 있으면 수많은 명사가 문장이 될 수 있으니까요.

반면에 한국어가 용언 중심이고 용언 중심의 과업에서 수행도가 높다는 뜻은 '우유'라는 명사 하나만으로는 우유를 달라는 의사소통 과업을 해내기 어렵고, 대신 '~주세요'라는 용언을 붙여야 비로소 과업을 보다 잘 수행할 수 있다는 의미입니다.

명사 중심 영어 그림책

외국어로 영어를 가르칠 때 그림책을 활용하는 걸 추천합니다. 영어와 관련된 정보를 실제 상황이라는 맥락에서 주기 어렵잖아요. 그림책을 활용하면, 이 부분을 보완할 수 있습니다. 그렇다면 명사 중심으로 소통하는 상황과 맥락을 잘 보여주는 그림책에는 어떤 것이 있을까요?

마가렛 와이즈 브라운, 『Goodnight Moon』

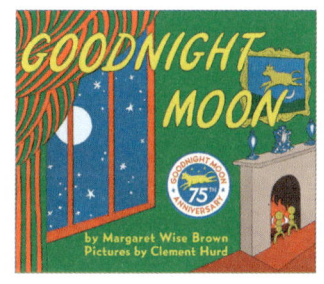

1947년 출간된 이래 지금까지 4,800만 부 이상 팔린 스테디셀러입니다. 이 책은 아주 단순합니다.

아기 토끼가 자기 방을 둘러보면서 주변 사물의 이름을 하나씩 부르며 잘 자라고 인사하는 내용이거든요. 하지만 자세히 보면, 비밀 하나를 발견할 수 있어요. 컬러 페이지와 흑백 페이지가 반복된다는 사실입니다. 전문 용어로는 color-blakc&white intercalary pages(칼라와 흑백 윤면)라고 합니다.

컬러 페이지는 방의 전경을 3인칭 시각으로 보여주고, 흑백 페이지는 토끼 눈에 비치는 사물을 양쪽 페이지에 각 하나씩 보여줍니다. 컬러와 흑백을 번갈아 사용한 데엔 이유가 있어요. 책이 나올 당

시만 해도 컬러 인쇄가 귀했던 시절이잖아요. 그래서 컬러와 흑백을 번갈아 인쇄하는 게 관행이었습니다. 작가는 이 관행을 3인칭과 1인칭 시각의 차이로 효과적으로 잘 이용하고 있어요.

이 책의 또 다른 비밀은 흑백 페이지 양쪽에 하나씩 보이는 타원이 바로 아기 토끼 시선의 반경이라는 겁니다. 이 타원은 점점 작아지다가 결국 완전히 하얗게 white out 되는데요. 아기 토끼가 졸려 하다가 잠드는 순간을 표현한 거죠. 아기가 경험하는 세상에 이렇게까지 눈높이를 맞춘 책이 또 있을까요? 아기 눈높이에 맞춰서 아기 시선에 담기는 사물들을 보여주는 이 지점이 이 책에 담긴 경이로운 비밀입니다.

이 책을 읽는 또 다른 즐거움은 운율 nursery rhyme 을 느끼는 데 있습니다. 책 속 글귀의 음악성도 매우 뛰어나고요. 참고가 되는 다른 너서리 라임의 배경을 찾아보는 재미도 있습니다.

하지만 무엇보다 훌륭한 점은 잠자리 전 의식 bedtime ritual 을 잘 보여주고 있다는 것입니다. 아기에게 잠드는 것은 죽음과 크게 다르지 않습니다. 잠이 들었다 다시 깨어난다는 걸 알려면 시간의 영속성 개념이 발달해야 합니다. 인간은 출생 후 서서히 시간영속성 개념이 발달해서 오늘이 가면 내일이 오고, 엄마나 아빠가 출근하면 다시 돌아온다는 것을 알게 됩니다. (동물들은 이 개념이 없습니다. 그래서 동물들은 오로지 이어지는 현재에만 살아요. 강아지들이 매일매일 퇴근하는 주인을 언제나 새롭게 너무도 반가워하는 이유도 바로 여기에 있어요. 인간에게는 어제도 그제도 퇴근해 돌아온 부모가 또 돌아온 것에 불과할 수 있지만, 현재에 사는 존재들에게는 늘 벅찬 기쁨이니까요.) 아기도 아직 시간영속성 개념이 없기 때문에 지금만 존재할 뿐이죠. 잠들기 전 잠투정을 하는 이유도 바로 여기 있어요. 그래서 아기들에겐 잠자리 전 의식이 중요해요. 세수를 하고 양치를 하고 잠옷을 갈아입고 그림책을 본 후 자장가를 불러주고 나면 불을 끄고 잠자리에 들게 하는 거죠.

이 책에선 아기 토끼가 자기 방의 사물을 하나하나 이름을 부르며 인사를 합니다. 이 물건이 자고 일어나도 그대로 있다는 믿음을 다지는 과정이죠. 달라지는 건 없을 겁니다. 이런 의식과 믿음은 아이에게 심리적 안정감을 만들어줍니다. 잠자리 전 의식으로 이만한 게 없겠죠? 아동문학 비평가 엘렌 핸들러 스피츠Ellen Handler Spitz는 『Goodnight Moon』 속 잠자리 의식에 대해 이렇게 말한 바 있습니다. "어린 아이들에게 삶은 신뢰할 만하고, 삶에는 안정성과 신뢰와 지속성이 있다는 것을 young children that life can be trusted, that life has stability, reliability, and durability." 알려준다고요.

이 책은 "good night"이라는 인사말과 명사 중심의 표현으로 이뤄져 있지만, 의사소통의 맥락을 알려주고 나아가 아이와 바깥 세계와의 공고한 신뢰와 기반을 만들어줍니다. 여러분도 아이와 잠자기 전 의식으로, 영어 이름 불러주기를 한 번 해보세요. 대상을 하나씩 가리키며 영어 이름을 부르니까 뜻을 설명할 필요도 없겠죠? 엄청나게 거대한 기반을 다져주는 그런 교감의 맥락에서 사용되고 있지요? 이렇게 영어를 매일 반복되는 베드타임 리츄얼로 넣어주세요.

부르스 디건, 『Jamberry』

이 책에는 문장이 거의 없어요. 명사 중심 표현이 대부분이죠. 이런 식입니다.

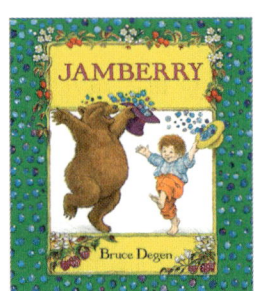

One berry, / two berries, /
Pick me a blueberry.
Under the bridge / Over the dam
Looking for berries / Berries for jam.

이 책을 읽어줄 때 유념할 게 하나 있어요. 주요 단어를 강조해 리듬감을 살려서 읽어줘야 한다는 겁니다. 이를테면 이렇게요.

<u>ONE</u> berry, <u>TWO</u> berry, <u>PICK</u> me a <u>BLUE</u>berry.

명사 중심으로, 약간의 수식어와 기능어가 붙어서 마치 기차를 타고 지나가듯 주욱 음을 따라 앞으로 밀고 나간다는 느낌으로 읽어 주세요. 실제로 책의 마지막에 곰과 아이가 베리를 잔뜩 싫은 기차를 타기도 합니다. 이 책은 의미와 관련 없이 그냥 영어의 음을 즐기기에 좋고, 특히 엄마나 아빠 목소리 자체를 즐기기에 좋아서, 갓난아기에게 읽어주기에도 정말 좋습니다.

에릭 칼, 『The Very Busy Spider』

이 책은 거미가 여러 동물들을 만나면서 거미줄을 짓는 모습이 나옵니다. 거미가 만나는 동물들은 각각 고유한 울음소리를 내는데요. 말horse 은 '히힝 히잉neigh neigh', 소cow 는 '음메 음메moo moo' 하는 식으로요.

의성어와 의태어는 한국 아이들이 모국어를 배우는 데 큰 역할을 합니다. 영어를 배울 때도 의성어 의태어를 활용하면 좋아요. 모국어를 배울 때 사용하던 습득 기제를 가져오는 겁니다.

이 책을 아이에게 읽어준 뒤 어떤 말이 기억에 남는지 물어보세요. 열이면 열 의성어를 꼽을 겁니다. 비슷한 책으로, 닥터 수스의 『Mr. Brown Can Moo! Can You?』도 좋습니다.

베라 윌리엄스, 『More, More, More Said the Baby』

미국어린이도서관협회에서 그해 가장 뛰어난 그림책에 수여하는 칼데콧상을 받은 책입니다.

이 책은 아이가 자신의 신체를 인식할 수 있도록 도와줍니다. 아이는 자신의 신체를 인지하면서 자아를 발달시켜 갑니다. 자기 손이나 발을 유심히 쳐다보고, 이리저리 움직여 보면

서 내 몸, 나아가 나의 경계를 그려나가는 겁니다. 이 책은 아이의 배꼽, 발가락, 눈과 코를 짚어주면서 알려줘요. 신체 부위를 인지하게 함으로써 자아 발달을 돕는 겁니다.

책에 나오는 영어 단어를 하나하나 모두 알 필요는 없습니다. 읽으면서 해당 신체 부위를 짚어주고, 책에 나오는 동작을 해주세요. 아이 손을 잡고 빙 돌려주거나 swing around 안고 앞뒤로 흔들어 주면서 rock back and forth 몸으로 교감하는 겁니다.

페기 라스만, 『Good Night, Gorilla』

잠자리에서 읽으면 좋은 책입니다. 동물원 경비원이 동물의 이름을 하나씩 부르며 "잘 자 goodnight"라고 인사를 하는데요. 고릴라가 우리 열쇠를 훔쳐 동물들을 풀어줍니다. 동물들은 경비원을 따라 그의 집까지 들어가 잠자리를 정하고 "잘 자 goodnight"를 외치죠.

앞서 소개해드린 마가렛 와이즈 브라운의 『Goodnight Moon』이 아이의 방 안이라는 작은 세계만 보여주는 반면, 이 책은 동물원이라는 보다 큰 세계를 보여줍니다. 하지만 두 책 모두 'good night'과 명사만 사용하고 있죠. 『Goodnight Moon』을 먼저 읽고, 그 다음 이 책을 읽어주면 좋겠죠?

또 한 가지, 이 두 책 모두 글은 별로 없지만 그림이 많은 것을 말해줍니다. 우리에서 하나씩 탈출하는 동물을 보며 아이들은 손가락으로 가리키며pointing 집중하기paying attention 같은 걸 훈련할 수도 있죠. 추천해드린 책 외에도 문자 언어 전 음성 언어로 영어를 접하는 아이들에게 처음으로 읽어주면 좋은 책은 많습니다. 하지만 무엇보다 중요한 건 이런 책을 양육자가 소리내어 읽어주는 겁니다. 그래야 영어를 음성 언어로 접하게 될 테니까요.

우리말 그림책을 읽어 주어도 좋습니다. 아이가 읽기를 시작하기 전에 인쇄물 개념print concept부터 키워야 하는데요. 이 과정은 전적으로 모방 행동입니다. 책 표지가 어디인지, 책 페이지를 어느 방향으로 넘기는지, 읽을 때는 왼쪽에서 오른쪽으로 읽는다든지 하는 것들은 양육자가 보여주어야 비로소 아이가 이해하고 따라할 수 있거든요.

결국 아이들이 문자의 세계로 들어가기 전 가장 중요한 건 함께 책을 읽고, 또 양육자가 책 읽는 모습을 보여주는 겁니다. 영어는 여기에 덤으로 얹으면 됩니다. 아이와 함께 책을 읽는 시간은 양육자와 아이 간의 유대감을 쌓는 시간이기도 합니다. 이를 기반으로 건강한 자기 인식을 발전시킬 수 있고요. 이러한 감정 위에 영어나 지식이 쌓이는 것이고요.

"따라 쓰기 소용없다"
아이 뇌에 알파벳을 새기는 놀이법

몇 가지 놀이와 활동으로
알파벳을 자연스럽게 익히는 방법

아이가 알파벳을 완전히 익히기까지 시간이 얼마나 걸릴까요? 최소 한 달에서 두 달이 걸립니다. 이것도 매일 영어 그림책을 보고, 다양한 알파벳 놀이 활동을 했을 때 그렇습니다. 생각보다 긴 시간이지요. 아이에게 알파벳은 생전 처음 보는 문자이기 때문에 그렇습니다. 생경한 외국어 문자를 외워본 경험을 떠올려 보면 금방 이해가 될 거예요. 저는 일본어의 히라가나를 배울 때 고생했던 기억이 생생합니다.

알파벳 송을 금방 따라 부르는 어린이도 알파벳을 알아보고 읽기까지는 시간이 걸립니다. 입으로 따라 부르는 알파벳 송은 '음성 언어'이고, 알파벳 자체는 '문자 언어'이기 때문이죠.

우리의 뇌는 시각적인 정보를 보면 그래픽으로 인식합니다. 알파벳도 마찬가지죠. 알파벳을 문자로 인식하고, 처리하려면 학습이 필요합니다. 그러려면 알파벳에 익숙해지는 시간이 충분히 있어야 합니다. 여기서는 몇 가지 놀이와 활동으로 알파벳을 자연스럽게 익힐 수 있는 방법을 알아보겠습니다.

b와 d가 헷갈리는 이유

우리의 뇌는 시각적인 정보를 보면 그래픽 정보 처리graphic information processing 모드를 가동합니다. 아랍어나 태국어로 쓰인 글자가 그림처럼 보이는 건 그래서죠. 반복 학습으로 뇌에 문자 처리 letter processing 모드가 생겨야 그 문자를 더 이상 그래픽이 아닌 문자로 인식할 수 있죠. 결국 문자를 익히는 과정은 뇌에 해당 문자의 배선을 세팅하는 작업이라고 할 수 있습니다.

더 정확히 말하자면 문자를 보고 읽기 시작하면 기존에 얼굴 인식에 쓰이던 좌뇌 뒷부분의 한 영역이 문자 인식용으로 전환됩니다. 좌우를 바꾸어 인식하는 이유도 여기에 있어요. 다른 사람의 얼굴을 볼 때 그 사람의 좌우와 보는 사람의 좌우는 반대잖아요. 이 영역이 문자 인식용으로 바뀌면 그때부터 이 영역은 문자 상자letter box라 불립니다.

얼굴을 인식하는 기능은 우뇌의 다른 구역으로 옮겨가고요. 소리를 나타내는 그림인 문자를 볼 때만 이 문자 상자가 활성화되면서 '아, 글자다!' 하고 인식하게 됩니다. 똑같은 시각부호라도 화살표나 숫자는 말소리는 나타내는 그림이 아니라서 문자 상자가 활성화되지 않습니다.

예를 들어볼까요? 우리(한국인)는 한글의 '치읓(ㅊ)'을 두 가지 방식으로 쓰죠? 우리는 다음 두 문자가 모양은 다르지만 같은 글자인 것을 알죠. 하지만 외국인은 이 둘을 서로 다른 이미지로 생각합니다. 치읓(ㅊ)을 문자가 아니라 그래픽으로 인식하기 때문입니다.

알파벳 새기기

우리가 이 두 개의 치읓을 같은 문자로 인식하는 건 뇌에 한글이라는 문자를 처리하는 회로가 생겼기 때문입니다. 여기서 핵심은 뇌가 '자동으로' 그렇게 처리한다는 데 있습니다. 우리가 한글로 쓰인 정보를 무의식적으로 단숨에 읽고 이해할 수 있는 건 그래서죠.

어린이들이 b와 d, f와 t, g와 q를 헷갈려하는 이유가 여기에 있습니다. 알파벳을 아직 '문자'가 아니라 '그래픽' 정보로 받아들이고 있기 때문입니다. 문자 정보는 뇌에 자동화 시스템이 생겨 순식간에 처리되지만, 그래픽을 인식할 때는 부하가 많이 걸리거든요.

다음 이미지는 d를 써야 할 자리에 b를 쓴 아이의 글입니다. 알파벳을 아직 잘 모르는 아이에게 b와 d는 반타원이 그려진 방향만 사소하게 다른 이미지로 보여요. 당연히 헷갈릴 수밖에 없지요. 그래픽 정보로 세상을 보는 어린이에게 알파벳을 읽는다는 건 단순한 작업이 아닙니다.

알파벳 새기기

뇌가 특정한 시각 정보를 문자로 인식하고, 자동화시키는 데는 최소 한 달에서 두 달가량의 시간이 걸립니다. 의미가 없어 보이는 무작위의 시각 부호를 문자로 인식하는 작업이 필요하기 때문입니다. 특히 영어 알파벳의 경우 대문자 26개와 소문자 26개를 일일이 외우고, 이 문자 간의 관계와 순서도 익혀야 하므로 시간이 더 필요해요. 인지 기능에 특별한 문제가 없는 아이라면 10번가량 노출해주어야 하나의 문자를 익힐 수 있다고 합니다.

단순히 알파벳 송을 부르고, 대문자와 소문자를 가르치고, 몇 번 베껴쓰기를 했다고 해서, 아이가 알파벳을 익힐 수 있는 게 아닙니다. 책상에 앉아 글자를 베껴 쓰고, 대문자와 소문자를 선으로 그어 보는 종이 중심paper and pencil 활동은 어린이에게 고역인 데다가 효과도 떨어집니다. 알파벳을 제대로 배우기도 전에 영어에 흥미를 잃어버릴 수도 있고요.

알파벳을 문자로 인식하는 4단계 활동

재미있게 알파벳을 익히려면 어떻게 해야 할까요? 아이와 함께 다음 4단계 활동을 해보세요. 종이에 써서 배우는 것보다 훨씬 더 재미있고 빠르게 알파벳을 익힐 수 있는 4단계 활동법(문자표-블록-그림책-놀이 순서로 활동하기)을 알려드릴게요.

1단계: 알파벳 문자표를 붙이세요.

아이가 자주 지나다니는 벽에 알파벳 문자표를 붙여줍니다. 알파벳을 익숙하게 만드는 과정이죠. 아이는 오며가며 알파벳 문자표를 보면서 무의미하게 보이던 시각부호가 사실은 의미를 가지고 있다고 느끼게 됩니다. 부모가 틈틈이 문자표의 그림을 가리키며 "고양이 Cat은 'C'로 시작하네!" 정도의 말을 해주면 더욱 좋습니다.

2단계: 블록을 활용하면 알파벳 순서 익히기에 좋아요.

알파벳이라는 문자가 있다는 것을 알았다면, 이제 파악하고 순

알파벳 문자표

서를 익힐 차례입니다. 알파벳 송을 부르면서 순서대로 알파벳이 적힌 블록을 쌓아보면 도움이 될 거예요.

블록 놀이를 한두 번 해본 뒤에는 아이의 수준에 맞춰 난이도를 조정할 수 있습니다. 알파벳 문자 옆에 해당 알파벳으로 시작하는 사물의 그림이 함께 그려져 있으면 놀이가 더 쉬워집니다. 예를 들어 Aa 옆에 사과Apple 그림이 있다면, 블록을 잘못 고를 확률이 줄어들겠죠.

이쯤 되면 아이에게 연필을 쥐여 주고 알파벳을 쓰게 해야 하는 게 아닌가 조급한 마음이

알파벳 타워

들 거예요. 하지만 기억하세요. 아이 영어 실력의 90%는 성공하는 체험에서 길러집니다. 특히 문자 습득 단계에서는 어려우면 포기하게 되므로 재미있게 즐기는 게 가장 중요합니다.

3단계: 알파벳 그림책으로 소문자와 대문자를 익히세요.

이제 알파벳 그림책을 볼 차례입니다. 아이들은 대문자와 소문자를 짝짓기 어려워하기 때문에 대문자와 소문자를 묶어서 익히는 연습이 필요합니다. 이 단계에서 활용하기에 좋은 그림책으로 빌 마틴 주니어와 존 아섬보우가 지은 『치카치카 붐붐Chicka Chicka Boom Boom』을 추천합니다.

이 책에는 소문자가 어린이로, 대문자가 어른으로 묘사되어 있어서 재미있게 배울 수 있습니다. 『치카치카 붐붐』은 소리내어 읽기에도 좋습니다. "치카치카 붐붐"이라는 표현은 소리가 재미있어서 아이들이 즐겁게 따라합니다.

여러분이 "치카치카 붐붐"에 리듬을 붙여서 노래처럼 불러주세요. 그리고 아이가 소리내어 알파벳을 말하면, 여러분이 손가락으로 그 알파벳을 가리켜 주세요. 아이가 소리와 문자를 인식하는 데 도움이 됩니다.

그런데 이 단계에서는 주의할 게 있습니다. 아이에게 알파벳을 읽어보라고 시키지 말아야 한다는 것이죠. 지금은 문자의 원리를 이해하는 게 먼저입니다. 세상의 모든 소리는 거기에 상응하는 시각적 부호가 있다는 것을 알아야 글자를 읽을 수 있습니다. 아이가 소리를 내면, 부모가 그 소리에 해당하는 알파벳을 짚어주세요. 이 과정에서 아이는 자연스럽게 문자의 원리를 터득하게 됩니다.

『치카치카 붐붐』에서 아이가 중점적으로 봐야 할 부분은 '어린이 문자(소문자)'와 '어른 문자(대문자)'입니다. 어린이인 소문자가 나무 위에 하나씩 올라갔다가 바닥으로 떨어지자, 어른인 대문자들이 소문자를 데리러 오는 내용이거든요. 아이가 어떻게 생긴 어린이(소문자)가 어떻게 생긴 어른(대문자)과 함께 가는지를 유심히 보게 해주세요. 문자 정보를 익히는 것은 아직 중요하지 않습니다.

4단계: 재미있는 놀이로 알파벳을 배워요.

알파벳이 의미를 가진 문자라는 것을 알았다면, 본격적으로 익힐 차례입니다. 여기서 대뜸 종이에 알파벳 베껴쓰기를 떠올리는 분도 있을 텐데 아직 그 단계는 아닙니다. 아이들은 놀이로 익혀야 합니다. 소문자와 대문자를 짝짓는 놀이를 통해 자연스럽게 알파벳에 익숙해지게 해야 합니다. 몇 가지 놀이를 소개해볼게요.

알파벳 기차놀이

그림처럼 『치카치카 붐붐』에서 본 어른(대문자)과 아이(소문자)를 짝지어서 알파벳 기차에 태워봅시다. 아이가 그림책을 보면서 수동적으로 받아들였던 지식을 직접 체험하는 시간입니다. 알파벳 노래

알파벳 기차놀이

를 부르면서 이 놀이를 하면 자연스럽게 알파벳 순서도 외울 수 있어요. 알파벳을 찾을 때는 이렇게 말해주세요.

"Which train car does A go in?(A는 어떤 기차에 탈까?)"
"Where does A go?(A는 어디로 갈까?)"

부모가 먼저 대문자를 기차에 태우면, 아이가 소문자를 태우는 식으로 놀이를 진행합니다.

알파벳 실 잇기

알파벳 실 잇기도 대문자와 소문자를 익히기 좋은 놀이예요. 먼저 종이의 한쪽에는 대문자를, 반대편에는 소문자를 순서에 상관없

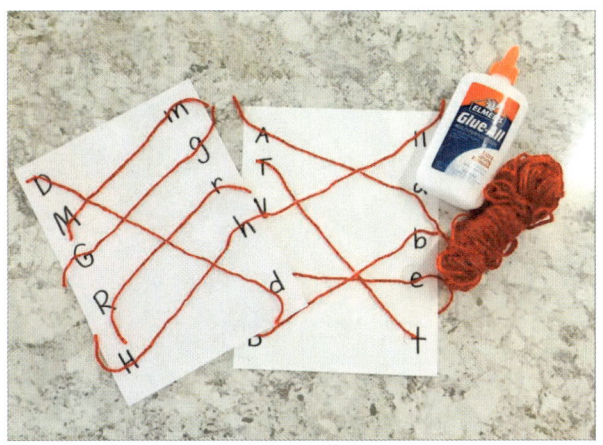

알파벳 실 잇기

이 무작위로 씁니다. 그리고 나서 아이에게 대문자와 소문자를 찾아 털실로 이어보게 합니다. 손을 꼼지락거리며 털실을 자르고 이어 붙여야 하니 소근육 발달에도 도움이 됩니다.

몸을 움직이며 배우는 7가지 알파벳 놀이

알파벳을 어느 정도 익혔다면, 온몸으로 느끼며 완전히 내 것으로 만들 차례입니다. 즐겁게 몸을 움직이며 알파벳을 배워볼까요?

알파벳 발로 찍기 | Alphabet Stamping

먼저 알파벳 카드를 여기저기 흩어놓으세요. 부모가 알파벳 이름을 말하면, 아이가 그 알파벳 카드를 찾아서 발로 쿵 찍게 합니다. 이를테면 부모가 "A"라고 외치면 아이가 A 카드를 찾아서 발로 찍는

알파벳 발로 찍기

것이죠.

이 놀이는 변형도 가능합니다. 대문자와 소문자 카드를 섞어놓은 뒤, 한 번은 대문자만 골라서 찍고, 한 번은 소문자만 골라서 찍어보게 하는 것이죠. 한 번쯤은 역할을 바꾸어 보아도 좋습니다. 아이가 알파벳 이름을 부르면, 부모가 허둥지둥 알파벳을 찾아 발로 찍어보세요. 아이가 너무 재미있어서 깔깔깔 웃음을 터뜨릴 것입니다.

알파벳 콩주머니 던지기 Alphabet Beanbag Toss

알파벳이 쓰인 콩주머니를 직접 만들거나 구매하세요. 콩주머니를 구해야 하는 번거로움이 있지만, 아이들이 매우 좋아하는 놀이입니다.

이제 바닥에 알파벳이 쓰인 판을 펼쳐두고, 각각의 칸에 맞는 알

알파벳 콩주머니 던지기

파벳 콩주머니를 던져서 맞춰봅니다. A콩주머니를 던져 A칸에 맞추는 것이죠. 알파벳도 익히고, 손과 눈의 협응 능력도 기를 수 있는 활동입니다. 포털 사이트에 '알파벳 빈백'을 검색하면 시중에 판매되는 제품을 살 수 있습니다.

컵케이크 홀더에 알파벳 자갈 담기

컵케이크 홀더 안에 알파벳 자갈을 담아보는 활동이에요. 먼저 조그만 자갈 또는 구슬에 알파벳을 쓰고, 컵케이크 홀더에도 알파벳을 씁니다. 이 놀이도 여러 가지로 변형할 수 있습니다. 컵케이크 홀더에 대문자, 자갈에 대문자를 써서 아이가 매칭시키게 해도 좋고, 둘 다 소문자를 써서 넣어보는 활동도 유익합니다. 대문자보다 소문자는 헷갈려하는 아이들이 많거든요. 또한 컵케이크 홀더에는 대문자, 자갈에는 소문자를 써서 같은 알파벳끼리 매칭하는 것도 좋습니다.

컵케이크 홀더가 없다면 빈 박스에 구멍을 26개 뚫고, 구멍 아래에 알파벳을 써서 놀이판을 만듭니다. 그리고 막대를 26개 준비해서 알파벳 스티커를 붙인 뒤, 각 구멍에 알맞은 막대를 꽂아보는 놀이로 응용할 수 있어요. 컵케이크 홀더를 활용한 놀이 이후, 박스 놀이를 또 하면 더 좋죠. 반복 학습을 하는 셈이니까요.

알파벳 컵케이크 홀더

알파벳 숨바꼭질 Alphabet Hide-and-Seek

알파벳을 어느 정도 외웠다면 사물과 알파벳을 매칭하는 놀이를 해볼까요? 먼저 부모가 집 안에 있는 가전제품이나 가구에 각각 영어 이름의 첫 문자를 붙입니다. 예를 들어 침대**Bed**에는 B를, 소파 **Sofa**에는 S를 붙이는 겁니다. 이제 아이가 집안을 돌아다니며 가구에 붙어 있는 문자를 찾아 떼어다가 바닥에 A부터 Z까지 순서대로 늘어놓습니다. 거꾸로 아이에게 알파벳 카드를 주고, 그 알파벳으로 시작하는 가구나 가전제품에 카드를 붙여보는 놀이를 해도 좋아요.

이 놀이를 하려면 가구의 이름을 미리 영어로 익혀야겠죠?

점토로 알파벳 만들기

색색의 점토로 알파벳 문자를 만들어 봅니다. 알파벳을 순서대로 나열하는 활동을 하면 더 효과적입니다.

점토 알파벳 만들기

알파벳으로 쓰는 내 이름

아이의 이름을 알파벳으로 써주세요. 그 뒤 아이는 각 철자에 맞는 알파벳 집게를 찾아 이름 위에 꽂아보는 것입니다.

'이름'은 아이에게 가장 의미 있는 정보예요. 그래서 집중해서 잘 따라한답니다. 한글을 배울 때도 이름은 유용한데, 영어도 마찬가지

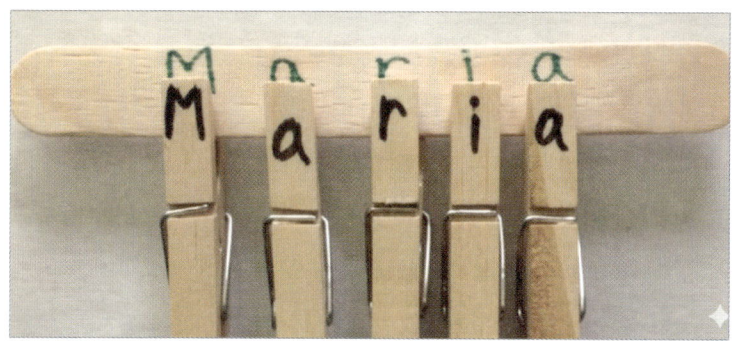

알파벳 이름 쓰기

입니다. 몇 번만 반복하면 자기 이름의 철자를 금세 외운답니다.

바디 알파벳

마지막 놀이는 대망의 바디 알파벳body alphabets 활동입니다. 몸으로 알파벳을 만들어보는 것입니다. 이 놀이가 알파벳을 배우는 데 효과적인 것은 이유가 있습니다. 바로 신체 반응 교수법Total Physical Response 중 하나이기 때문이에요. 아이들은 직접 몸을 움직일 때 가장 잘 배웁니다. 바디 알파벳 놀이는 혼자서 할 수 없고, 3~5명 정도의 친구들과 함께 해야 합니다. 가족 혹은 인형을 가져와서 해봐도 좋습니다.

알파벳 이름 쓰기

먼저 아이들에게 알파벳을 하나 보여주고, 바닥에 누워 서로 협동해서 알파벳 모양을 만들어보라고 해보세요. 구글에서 'body alphabet for kids'라고 검색하면 이 놀이를 접한 다른 아이들의 사진을 찾을 수 있습니다. 사진을 한두 장 보여준 뒤 놀이를 하면, 아이들이 더 쉽게 따라합니다. 이때 사진을 너무 많이 보여주지는 마세요. 아이들 스스로 궁리해서 몸으로 알파벳 모양을 만드는 게 중요하거든요.

이렇게 만든 바디 알파벳은 A부터 Z까지 사진으로 찍어서 기존의 알파벳 문자표를 대신해 붙여줍니다. 자기 모습이 담긴 알파벳 문자표는 아이가 알파벳을 익히는 데 더 큰 동기를 유발하죠. 알파벳 판 앞을 지나갈 때마다 기쁘고 자랑스러워하며 알파벳을 바라보게 될 거예요.

앞에서 소개한 알파벳 놀이를 한 뒤에는 알파벳을 쓰는 종이 중심paper and pencil 활동으로 마무리합니다. 그날 배운 문자를 종이에 따라 써보게 하는 것입니다. 결국 글자는 읽고 쓰는 데 의미가 있다는 개념을 이해하는 데 도움이 되거든요. 특히 몸을 움직이는 데 큰 흥미가 없는 성향의 어린이들은 가만히 앉아서 글자를 써보는 활동으로 놀이를 마무리하면 만족도가 더 높을 거예요.

알파벳 배우기 좋은 그림책

앞서 소개한 놀이를 마친 후에는 영어 그림책을 함께 읽어보세요. 헷갈리는 알파벳을 다시 한 번 되새기고, 알파벳의 소리와 문자를 매치하는 연습을 할 수 있어요.

줄리아 도날드슨, 『Animalphabet』

그림도 아름답지만, 아이의 호기심을 자극하는 데도 효과적인 책입니다. 여러 갈래로 펼쳐지는 플립북이거든요. 동물 이름으로 알파벳을 알려주는 책이라 놀이로 익힌 알파벳을 동물 이름과 맞춰보며 즐겁게 읽을 수 있어요.

켈리 빙햄, 『Z is for Moose』

알파벳을 알려주는 그림책은 대부분 동물과 사물의 이름과 그 이름에 들어가는 알파벳 하나를 소개하는데요. 이 책은 한 단계 더 나아갑니다. A~Z까지 알파벳이 나올 때마다 주인공인 사슴Moose이 나타나서 "내 차례는 언제 나오냐?"며 얼룩말과 질문을 주고받아요.

R is for moose! (R은 무스야!)
Is it my turn yet? (아직 내 차례 안 됐어요?)

사슴이 알파벳마다 자기 자리라고 우기면서 하는 말은, 나중에 아이와 알파벳 찾기 놀이를 할 때 그대로 응용하기에도 좋아요.

스티븐 T. 존슨, 『Alphabet City』

도시 풍경 속에서 알파벳을 찾아내는 책입니다. 1996년 칼데콧 아너 수상작입니다. 공사 안내판 다리에서 알파벳 'A'를, 건물의 계단에서 'B'를 발견해요. 둥그런

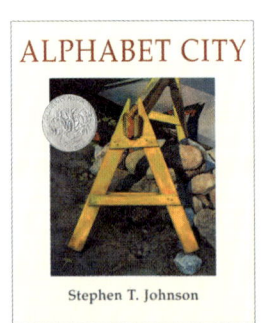

화단은 'D'가 되고, 3색 신호등의 옆면은 'E'가 됩니다. 책을 보면, 아이 역시 자신이 사는 도시의 주변 풍경에서도 문자를 찾아보는 놀이를 할 수 있어요. 이 과정에서 책으로 배우는 지식을 실생활에 적용할 수 있다는 것을 자연스레 깨닫겠죠?

레슬리 맥구억, 『If Rocks Could Sing: A Discovered Alphabet』

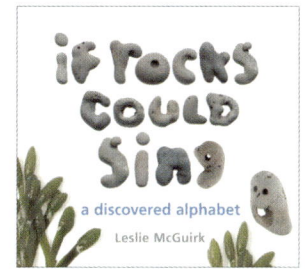

이 책은 쉽습니다. 알파벳 철자 하나당 사물이 하나씩 제시되는 평범한 알파벳 그림책이거든요. 그런데 독특합니다. 알파벳과 사물의 형상을 돌로 표현했기 때문이에요. 작가는 해변가에서 알파벳 모양의 돌을 찾아서 책으로 만들었다고 해요. 덕분에 이 책을 읽으면 아이들의 상상력과 관찰력을 키울 수 있어요. 이렇게 주변의 사물에서 문자의 모양을 찾아내는 연습은 문자와 소리를 대응하는 능력인 문자 지식letter knowledge을 키우는 데 도움이 됩니다.

우리가 'M'을 보고 '엠'이라고 읽을 수 있는 것은 문자 지식이 있기 때문인데요. 문자 지식은 주변의 사물들을 보며 소리와 연결할 때 길러집니다. 나아가 돌의 형태에서 자신이 아는 문자와 사물의 모양을 찾아내는 관찰력은 비단 알파벳 학습뿐 아니라 어떤 공부를 할 때도 큰 도움이 될 거예요.

알레시아 콘티스, 『Alphabet Oops! The Day Z Went First』

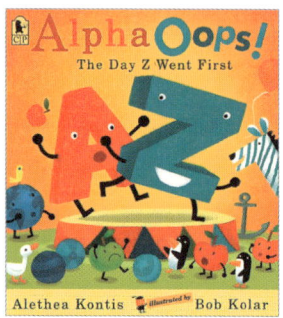

이 알파벳 책은 매일 맨 뒤에 나왔던 Z가 처음으로 가장 먼저 등장하는 알파벳 책입니다. Z 입장에서는 억울하기도 하겠네요. 어린이 학습자 입장에서는 A부터 Z까지 읽고 외웠던 알파벳을 한 번 거꾸로 접해보는 재미있는 시간이 되겠네요.

마리아 반 리스하우트, 『Backseat A-B-See』

차를 좋아하는 아이라면 너무 좋아할, 더 나아가 차를 타면 늘 뒷자리에 앉는 아이들의 눈높이에 딱 맞춘 ABC 책입니다. 도로에서 아이들 눈에 띄게 되는 도로 표지판을 A로 시작하는 Airport부터 시작해서 알파벳순으로 죽 제시하는 보드북이에요. 실제로 아이들이 letter knowledge(문자라는 것이 존재하고 이에 상응하는 소릿값이 존재한다는 것을 아는 지식)를 키우는 방법이 표지판과 간판을 보면서 많이 일어나기 때문에 아이들의 이러한 경험을 십분 활용한 이 책을 추천하지 않을 수가 없어요.

오드리 우드와 브루스 우드, 『Alphabet Mystery』

이 책에서는 알파벳들이 마치 어린아이들처럼 의인화되어 있습니다. 그래서 밤이 되면 줄줄이 놓인 26개의 침대에 누워 코~ 잠도 자고, 연필의 도움을 받아 집 밖으로 모험을 떠나기도 해요. 상상만 해보아

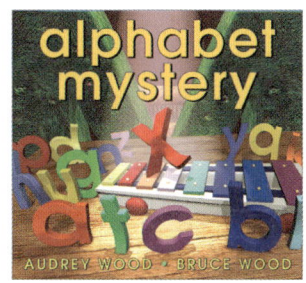

도 즐겁지 않나요? 아이가 되어 아이처럼 행동하는 알파벳들이라니요! 아이 이름의 첫 글자를 알려주고 그 알파벳이 이 책 속에서는 어떻게 행동하는지 아이가 감정을 이입하게 하면서 읽어주면 더욱 효과적이에요. 이 책은 알파벳들이 더 큰 세상으로 모험을 떠나는 『Alphabet Adventure』라는 속편도 나와 있답니다. 『Quick as a Cricket』으로 유명한 오드리 우드와 브루스 우드 작가의 작품이니 눈여겨보실 만해요.

산드라 보인턴, 『A Is for Angry』

앞의 알파벳 책들이 각 알파벳에 해당하는 명사를 주로 제시했다면 이 책은 형용사, 그중에서도 감정 형용사를 동물 이름과 함께 배치하고 있어요. 앞의 책들, 특히 줄리나 도날드슨의 『Animalphabet』에서 동물들 이름을 배

운 후 한 발 더 나아가 알파벳으로 형용사까지 섭렵하고 싶다면 강력하게 추천합니다.

루시 미클레스웨이트, 『I Spy: An Alphabet in Art』

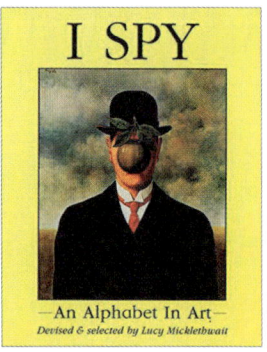

루시 미클레스웨이트는 많은 I Spy 책을 만든 작가입니다. 알파벳을 그림 속에서 찾는 책도 이렇게 썼습니다. 이 책은 『I Spy』 책을 읽고 일상 속에서 I Spy 게임을 해본 아이의 세계를 미술로 확장해주고 싶을 때 쓰면 좋습니다. I Spy 게임은 차를 타고 가면서 혹은 공원이나 도시 넓은 곳에 나갔을 때 다음과 같이 하는 거 아시지요?

  A: I spy something green!
  B: Hmm, trees?

  I Spy game은 『Alphabet City』를 읽고 우리가 사는 도시에서 알파벳을 찾을 때 활용하셔도 좋아요. 이 책처럼 미술관에 가서 활용해도 좋습니다. 모든 지식은 넘나든다는 것과 하나를 배우면 사방에서 활용할 수 있다는 체험을 아이들에게 누리게 해주는 일도 중요하니까요.

  이외에도 알파벳 책은 다양합니다. 공룡 버전 Albert the Alphabet,

과일과 야채 버전Eating the Alphabet, 자동차 버전Alphabet Trucks, 직업별 버전Work: Occupational ABC, 사실적이고 수려한 동물 그림을 알파벳과 매칭시킨 『Creature ABC』 등 여러 종류의 책이 나와 있으니, 아이 취향에 따라 골라서 보여주면 흥미롭게 읽을 수 있을 거예요.

특별히 『A Zeal of Zebras: An Alphabet of Collective Nouns』은 수준이 높은 알파벳 책이니 파닉스를 일찌감치 떼고 챕터북을 읽는 친구들에게 보여주면 좋아요.

사자 한 무리는 a pride of lions라고 하는 걸 아시나요? 영어에서는 동물에 따라 동물 한 '무리'를 일컫는 표현이 다릅니다. 늑대 무리는 a pack of wolves라고 하거든요. 이 알파벳 책은 동물 이름별로 알파벳을 제시하되 그 동물 무리를 일컫는 집합 명사(pride, pack etc.)와 함께 제시한답니다. An embarrassment of pandas, a galaxy of starfish, a shiver of sharks…와 같이요. 이미 혼자 읽을 줄 아는 어린이들에게도 매우 흥미로운 읽을거리가 되겠지요?

매리 엘팅과 마이클 폴섬, 『Q Is for Duck』

이 책의 부제는 An Alphabet Gussing Game이에요. 네, 단순히 알파벳과 단어를 제시하는 데에 그치지 않고, 질문을 던져서 생각을 하게 만드는 책이에요. 예를 들면, "A is for Zoo."라고 시작합니다. Ant 나 Apple이 아니고요. Why?라고 물은 후 다음 페이지에서 말해주지요. "Because… Animals live in the Zoo." 라고요. 그러면 아! 하고 수긍하게 되지요. 첫 페이지와 둘째 페이지를 넘긴 후  다음부터는 왜 그럴까 아이와 함께 답을 생각해보고 책장을 넘겨 그 답이 맞는지 확인하며 읽어가면 기존에 알던 알파벳을 더 풍성하게 누릴 수 있어요.

크리스 카펜터, 『P Is for Pterodactyl: The Worst Alphabet Book Ever』

이 책은 수준이 높은 알파벳 책이에요. '테러댁틀'이라 발음하는 이 익룡은 P로 시작하지만 이 P가 묵음이라 일단 제목부터 난이도가 보이지요? 공룡을 좋아하는 아이들, 특히 공룡시대를 거치는 남자  아이들에게 추천합니다. 어른들도 재미있게 읽을 수 있어요.

이러한 책들과 앞에서 소개한 활동을 한 달 이상 꾸준히 한다면,

아이가 알파벳을 얼추 알게 되었을 거예요. 그렇다고 바로 영어 읽기에 돌입해서는 안 됩니다. 이제부터는 본격적으로 영어 소리에 대한 감각, 즉 음운 인식phonological awareness을 키워야 할 차례예요.

원어민 아이들은 알파벳을 읽기 전에 이미 머리에 거대한 음성 언어 저장고reservoir를 가지고 있습니다. 일상에서 매일 영어로 말하고 들으니 당연한 일이지요. 하지만 외국어로 영어를 배우는 우리 아이들은 머릿속에 영어의 음성 언어 저장고가 없어요. 우리 아이들은 알파벳이라는 '시각 부호'와 영어의 '음성 언어'를 모두 처음으로 익혀야 하기 때문에 곱절로 힘이 듭니다. 따라서 이를 보완하기 위해서는 영어의 음운 인식이 발달되는 순서에 따라 놀아주어야 합니다. 그래야 우리 아이들이 더 효율적으로 영어를 익힐 수 있습니다. 이제 영어의 세계로 아이들을 인도하는 첫 걸음을 확실하게 뗐습니다. 다음에는 영어의 음운 인식 발달의 첫 단계인 '라이밍Rhyming'을 익히는 방법에 대해 알아보러 가보죠.

모국어처럼 영어에 노출하려면?
힙합 하듯이 이걸 들려주자

마더구스로 영어의 소리 인식을 키우는 방법

엄마가 말랑한 아기의 배에 손을 얹고 원을 그리며 노래를 부르기 시작합니다.

Round and round the garden, like a teddy bear.
(테디베어처럼 빙글빙글 정원을 돌아요.)

「Round and Round the Garden」이라는 제목의 이 노래는 영미권에서 유명한 '마더구스Mother Goose'입니다. 아기는 자신의 배를 쓰다듬는 따뜻한 손길을 느끼며 엄마의 노래를 듣습니다. 'R'을 시작으로 발음이 비슷한 모음들의 '구르는 듯한' 소리를 들으면서 아기는 영어 낱소리(음소)에 점점 익숙해집니다.

모국어를 '엄마의 혀 mother tongue'라고 하는 이유가 바로 여기에 있습니다. 엄마의 입에서 나온 말소리는 아기의 뇌에 차곡차곡 쌓여서 모국어의 기둥을 만듭니다. 특히 영미권의 전래동요인 마더구스는 영어 원어민 아이들이 모국어의 소리를 배울 때 중요한 역할을 해요. 이번에는 마더구스로 영어의 소리 인식을 키우는 방법에 대해 알아보죠.

영어, 의미보다 소리를 아는 게 먼저

마더구스는 영미권의 전래동요를 일컫는 말입니다. 영국에서는 '너서리 라임 nursery rhyme'이라고도 해요. 한 국가에서 오랫동안 구전된 동요에는 모국어 습득 기제가 들어 있어요. 모국어가 다르면 이 기제도 좀 다릅니다. 우리나라 전래동요 하나를 볼까요?

리, 리, 리 자로 끝나는 말은?
개나리, 보따리, 댑사리, 소쿠리, 유리 항아리

이 동요는 한국어가 음절 중심의 언어라는 것을 보여줍니다. 음절이란 발음할 때 한 번에 소리낼 수 있는 소리의 단위를 말합니다. 가위에서 '가' 또는 '위'가 바로 음절이죠. 위의 전래동요는 우리말 음절 '리' 앞에 무엇이 붙느냐에 따라 단어의 의미가 달라진다는 것을 말놀이로 알려주죠. 개나리, 보따리, 댑싸리처럼요. 정확하게 애기하면 이 노래는 음절 대체(syllable subiustion)를 통해 아이들의 음운 인식을 키워주는 말놀이 노래입니다.

반면 영어는 음소 인식(phonemic awareness)이 중요한 언어입니다. 음소보다 큰 개념인 음운은 자음과 모음 낱소리, 그리고 소리의 길이나 높이 등 분절되지 않는 낱소리를 말합니다. 음운 인식 안에는 소리에 대한 여러 개념이 존재합니다. 그중에서도 음소 인식이 가장 중요해요. 음소 [l]과 [r]의 차이를 알아야 'lose'와 'rose'를 구분해서 인지할 수 있기 때문이죠. 음소는 소리의 최소 단위로 자음과 모음 낱소리를 말합니다.

영어 원어민 아이와 우리나라 아이의 차이가 여기서 드러납니다. 영어를 외국어로 배우는 우리나라 아이들은 영어를 귀로 들을 기회가 적어서 음성 언어 어휘의 습득량이 현저히 적어 음소를 잘 인식하지 못합니다. 이럴 때 도움이 되는 것이 바로 마더구스입니다. 영어 낱소리 인식의 첫 단계가 소리가 비슷한 단어를 익히는 겁니다. 이걸 '라이밍(rhyming)'이라고 부르죠. 힙합의 '라임(rhyme)'도 여기서 나온 겁니다.

예를 들어 볼게요. 'bear(곰)'과 'there(저곳)'는 스펠링은 다르지만 끝소리가 비슷하죠. 이러한 단어의 소리를 많이 들으면 영어의 음운이 체화되어 음성 언어 어휘량이 늘어나는데요. 바로 마더구스에 라이밍 단어가 잔뜩 들어 있습니다. 그래서 마더구스를 자주 들으면 영어의 음운 인식을 키우는 데 도움이 됩니다.

마더구스로 영어 라이밍 인식 키우는 법

앞서 언급한 'Round and Round the Garden'을 가지고, 마더구스로 라이밍 인식을 키우는 법을 알려드릴게요. 원어민 부모들은 아이에게 이 전래동요를 불러줄 때 단순한 손 놀이 finger play 를 곁들입니다. 가사는 짧고 단순해요.

Round and round the garden, like a teddy bear.
(테디베어처럼 빙글빙글 정원을 돌아요.)
One step, two step, Tickle you under there!
(한 걸음, 두 걸음, 저 밑에서 간지럼 태우기!)

먼저 첫 소절을 부르며 아이의 손바닥 혹은 배 위에 손가락으로 둥글게 원을 그리세요. 그 다음 두 번째 소절의 첫 부분(One step, two step)을 부를 때는 손가락으로 걷는 시늉을 하다가 "Tickle you under there!(간지럼 태우기!)"를 부르며 아이의 턱 아래, 겨드랑이, 배 등을 간지럽히는 거예요.

간단한 스킨십으로 아이와의 친밀감을 높일 뿐

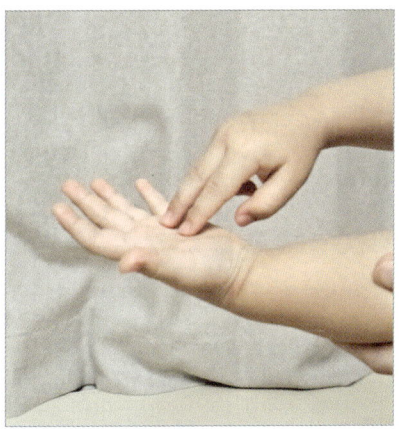

알파벳 손가락 놀이

아니라 자아발달에 매우 중요한 신체의 경계boundary를 인식하는 것도 도와줍니다. 우리에게 익숙한 'Itsy Bitsy(Incy Wincy) Spider'도 좋은 마더구스입니다. "거미가 줄을 타고 올라갑니다"라는 가사의 노래 아시죠? 바로 그 전래동요입니다.

> Itsy Bitsy spider went up the water spout.
> (아주 작은 거미가 배수관을 타고 올라가요.)
> Down came the rain and washed the spider out.
> (비가 내리자 거미가 씻겨 내려갔어요.)
> Out came the sunshine and dried up all the rain.
> (해가 나오자 비가 모두 말랐어요.)
> And Itsy Bitsy spider went up the spout again.
> (아주 작은 거미가 다시 배수관을 타고 올라가요.)

이 노래는 양손의 엄지손가락과 검지손가락을 교대로 맞물리며, 마름모꼴을 그리고 올라가는 거미를 흉내내는 손놀이가 포인트예요. 각 소절의 마지막 단어는 'spout/out, rain/again'으로 끝소리가 같습니다. 노래를 부를 때 이 부분에서 손동작을 더 크게 보여주면서 소리가 같다는 것을 강조하면 음운 인식을 키우는 데 더 효과적입니다. 이 동작은 아이의 소근육을 발달시키는 데도 도움이 됩니다.

마더구스를 부를 때는 단어를 하나하나 떼어서 가르쳐주려고 하지 마세요. 노래를 부르며 손동작을 통해 가사의 의미를 간접적으로

엄지검지 손놀이

알려주시면 됩니다. 지금은 문장 내용을 이해하는 게 아니라 영어 소리에 익숙해지는 단계에요. 따라서 끝소리가 같은 단어를 강조해서 보여주는 것만으로도 충분합니다.

가령 노래 가사에 'bear'가 나올 때, 집에 있는 곰 인형을 가리키면서 "The bear is there!"라고 말해줘 보세요. 이때 'bear'와 'there'를 발음할 때 악센트를 강조해주고요. 그 다음에는 곰 인형을 의자에 앉히면서 "The bear is on the chair!"라고 말해주세요. 그리고 나서 "Bear, there, chair!"라고 외치는 거죠.

『There's a bear on my chair』 그림책이 바로 there, bear, chair라는 rhyme을 가지고 노는 책이에요. 이 책을 활용해도 좋습니다.

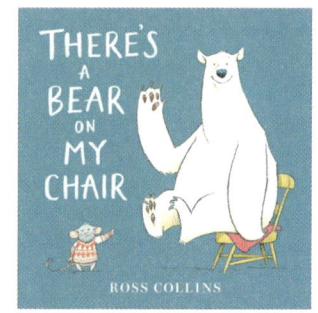

포털 사이트나 유튜브 검색창에 'Mother Goose' 혹은 'nursery rhyme'을 검색하면 수많은 전래동요를 찾을 수 있는데요. 아이에게 익숙하고 재미있을 만한 내용의 노래를 고르세요.

예를 들어 요즘 아이들은 'Hickory Dickory Dock!'이라는 노래에 흥미를 느끼지 못할 수도 있어요. 괘종시계를 본 적이 없으니까요. 양이 우는 소리를 한 번도 들어본 적 없는 아이는 'Baa, baa, black sheep'이라는 노래가 낯설게 느껴질 수 있어요. 따라서 내 아이가 친숙하게 여기는 대상을 주제로 한 노래부터 시작하면 좋습니다. 그 많은 마더구스 중에서 'Twinkle, Twinkle Little Star'가 왜 이렇게 유명한지 짐작이 가죠? 밤하늘에서 반짝반짝 빛나는 별은 유행이나 문화 혹은 기술의 발전에 따라 달라지지 않으니까요.

마더구스 영어 그림책, 뭐가 있을까?

종이 그림책을 읽어주는 것도 음운 인식을 키우는 데 도움이 됩니다. 특히 마더구스 가사로 이뤄진 그림책을 읽어주면 라이밍을 효과적으로 익힐 수 있습니다. 주의할 점은, 마더구스를 노래로 먼저 익히고 마더구스 그림책으로 가야 한다는 점이에요. 음성 언어 인풋을 먼저 받은 후 문자로 이동하는 게 좋습니다. 마더구스 그림책을 본다고 해서 아이가 문자를 읽는 건 아직 아니에요. 파닉스를 떼기 전에 아이가 보는 책은 모두 부모가 읽어주어야 해요.

영미권에는 "라임을 아는 사람은 읽는 사람Rhymers are readers"이라는 말이 있어요. 라임을 아는 것이 영어 읽기의 첫 걸음이라는 겁니다. 마더구스 그림책으로 읽기를 시작하는 게 효과적인 이유죠.

**매디 프로스트, 『Twinkle, Twinkle, Little Star』,
케이트 도피락, 『Twinkle, Twinkle, Little Car』**

아이가 "Twinkle, Twinkle, Little Star"를 곧잘 따라 부른다면 이 그림책들을 보여주세요.

매디 프로스트Maddie Frost의 『Twinkle, Twinkle, Little Star』는 노래 가사가 그대로 담긴 책이어서 귀로 들었던 동요를 그림과 글로 확

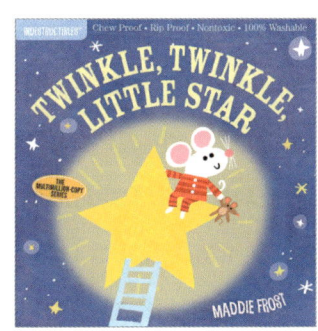

장하는 경험을 할 수 있습니다. 단단한 보드북이라 아이들이 손으로 쥐기에도 아주 좋고요.

그 다음엔 케이트 도피락Kate Dopirak의 『Twinkle, Twinkle, Little Car』를 읽어주세요. 아이들은 기존에 알고 있던 지식을 바탕으로 확장할 때 더 쉽게 배울 수 있거든요. 이 책의 문장은 'Twinkle, Twinkle, Little Star'의 구조를 그대로 따르고

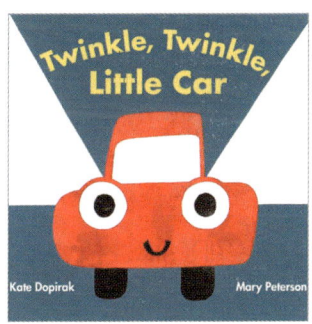

있어서 영어의 문장 구조를 익히는 데 도움이 됩니다.

책에서 'Car', 'Far'처럼 라임이 맞는 단어가 나오면 손동작으로

강조하며 읽어주세요. 자동차 장난감을 손으로 가리키고, 멀리 손가락을 뻗는 식으로요. 아이와 책 속의 문장으로 가사를 바꾸어 노래를 불러봐도 좋습니다. 이렇게요.

Twinkle, twinkle, little car
How you love to travel far!

스티브 게츠, 『Old McDonald Had a Truck』

'Old McDonald Had a Farm' 이라는 마더구스가 있습니다. 우리나라에서는 "이야 이야 오~"라는 구절로 유명합니다. 익숙한 멜로디의 후크가 반복되는 노래라서 아이가 곧잘 따라하는 동요입니다.

스티브 게츠Steve Getz의 『Old McDonald Had a Truck』은 이 노래를 변형한 그림책이에요. 올드 맥도날드 농장에는 "Dig-dig-dig" 하고, "Scoop Scoop Scoop" 하는 소리를 내는 여러 중장비가 있다는 내용이죠. 자동차를 좋아하는 아이들에게 특히 추천합니다.

제인 캐버라, 『Row, Row, Row Your Boat』

'Row, Row, Row Your Boat'는 동요 '리, 리, 리 자로 끝나는 말은?'과 멜로디가 같아서 우리에게도 친숙한 마더구스입니다. 제인 캐버라Jane Cabera의 이 그림책은 'Row, Row, Row Your Boat'라는 마더구스의 가사로 시작해서 노를 저어가며 쥐, 원숭이, 코끼리, 악어, 사자 등을 차례로 만나는 이야기가 등장합니다. 각각의 동물들이 내는 소리와 그 소리에 맞는 라임들을 즐겁게 익힐 수 있는 책이에요.

샐리 홉굿, 『See You Later, Alligator』

'See Ya Later, Alligator'는 영미권에서 유명한 마더구스 중 하나예요(Ya는 you의 영국식 표현). 우리에게 친숙한 노래인 '클레멘타인'의 멜로디에 맞춰서 부르면 딱 맞아요. 각 구절마다 내용의 이해를 도와주는 손동작을 곁들이면 더 좋죠. 예를 들면 이렇게요.

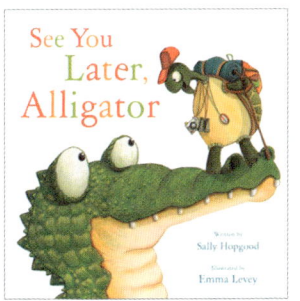

See ya later, alligator
(손을 흔들어 인사합니다.)
In a while, crocodile
(손을 안쪽으로 굽혔다 펴면서 '잘 가'라는 영어식 손동작을 합니다.)
Give a hug, ladybug

(두 팔로 자기 몸을 감싸 안아요.)

Blow a kiss, jellyfish

(손 키스를 날립니다.)

See you soon, big baboon

(눈 위에 손날을 세워 가져다 댑니다.)

Out the door, dinosaur

(문을 가리킵니다.)

Take care, polar bear

(손으로 쓰다듬는 시늉을 합니다.)

Wave goodbye, butterfly.

(손을 흔들어 인사합니다.)

이 마더구스는 너무 유명해서 여러 권의 책으로 만들어져 있는데, 그중에서 샐리 홉굿Sally Hopgood의 그림책을 추천합니다. 저자가 가사를 살짝 바꾸어 문장을 썼지만, 노래를 한번 불러본 어린이는 쉽게 책 내용을 따라갈 수 있을 거예요.

마더구스의 가사는 실제 대화에서도 응용할 수 있어요. 종종 드라마에서 그렇게 쓰는 걸 볼 수 있어요. 아이가 "See you later, alligator!" 하고 인사하면, 부모가 "In a while, crocodile!"이라고 대답하는 거죠. 노래와 함께 인사하는 놀이를 자주 하면 음운 인식이 쑥쑥 자라날 거예요. 추천하는 리드 얼라우드 유튜브 동영상입니

그림책 읽는 법

다. 이 동영상은 그림책 읽는 법의 정석을 보여주고 있어서 강력하게 추천해요.

애니 쿠블러, 『The Wheels on the Bus』

버스를 타려고 쫓아오는 다양한 인물들이 페이지를 넘기며 차례로 등장하는 이 그림책은 버스 안에 누가 타고 있는지, 누가 버스를 타려고 하는지 하나씩 짚어가면서 이야기하기도 아주 좋습니다. "The wheels on the bus go round and round"를 반복해 부르면서 "Who is on the bus?(누가 버스에 타고 있어?)"라고 물어보고 답하는 활동을 하면 돼요. "Who is running after the bus?(누가 버스를 쫓아 달리고 있어?)"라는 질문도 같이 던져주면 좋겠지요.

매일 밤 양치질을 하듯이, 영어 그림책 읽기를 규칙적인 루틴, 즉 잠자리 의식으로 만들어주세요. 언어를 익히는 데 꾸준히 하는 것만큼 좋은 방법은 없으니까요.

이때 주의할 게 있습니다. 아이에게 읽어보라고 강요해서는 안 됩니다. 소리내어 책을 읽는 것은 오로지 양육자의 몫입니다. 지금 아이는 양육자의 목소리를 듣고 그림을 보면서 음성 인식을 키우는 것까지만 해도 충분합니다.

마더구스도 되도록 여러분이 직접 불러주세요. 동영상이나 음원은 거드는 정도로만 활용하세요. 특히 아이 혼자 미디어를 보는 것으로는 영어를 제대로 배우기가 어려워요. 미디어로 학습을 하는 것은 10대 때부터 가능합니다. 초등학생 이하의 어린이는 미디어를 볼 때도 어른과 상호작용을 해야 학습 효과가 있다는 사실을 꼭 기억하세요.

마더구스 모음집 추천

시중에는 여러 마더구스를 모아서 책으로 묶은 마더구스 모음집이 많습니다. 그중 만듦새가 좋은 책을 몇 가지 추천해드릴게요.

『My Bedtime Book of Favorite Nursery Rhymes』
각각의 라임에 해당하는 단어가 일일이 그림으로 그려져 있어요. 단어의 의미를 직관적으로 알 수 있어서 첫 마더구스 책으로 좋습니다.

『My Wonderful Nursery Rhyme Collection』
영미권에서 베이비샤워 파티의 단골 선물로 등장하는 책입니다. 다이컷 Die-cut 기법으로 입체감을 준 표지부터 본문의 그림까지 매우 아름다워서 소장가치도 있습니다.

『The Neighborhood Mother Goose』
유명한 마더구스의 구절들을 모은 책으로 ALA Notable Children's Books 어린이책 수상작입니다.

『Mother Goose Treasury』
마더구스 모음집 중 세계에서 가장 많이 팔리는 책입니다. 서정적인 그림이 마더구스와 잘 어우러집니다.

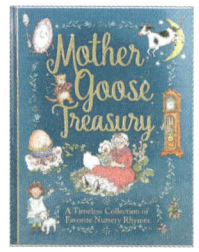

『The Complete Collection of Mother Goose Nursery Rhymes』
한국인 그림작가 지나 백Gina Baek이 삽화를 그렸어요. 풍성하고 아름다운 삽화 덕분에 영미권 독자들의 사랑을 받았습니다. 2023년에 출간된 최신작입니다.

『Best Mother Goose Ever』
영미권에서 마더구스 모음집을 추천할 때 빠지지 않는 책이에요. 300권 이상의 작품을 쓰고, 1억 부 이상의 판매고를 올린 어린이책 작가 리차드 스캐리가 썼습니다.

덩어리째 들리는 영어,
문장 속 '단어 듣기'부터 시작하자

덩어리째 들리는 영어 문장, 단어 발라내는 신통한 방법

아이들은 영어를 말, 그러니까 음성 언어로 먼저 배웁니다. 동요와 말소리를 들으며 영어라는 언어와 조금씩 가까워지죠.

그런데 아이들이 영어를 귀로 들을 때는 각각의 단어가 따로 들리지 않아요. 그냥 줄줄이 이어진 하나의 덩어리 a string of speech 로 들립니다. 이렇게 들려선 영어를 이해할 수 없습니다. 왜냐하면 문장을 구성하는 단어에 따라 그 문장의 의미가 달라지니까요. 영어를 제대로 이해하려면 덩어리로 들리는 문장 속에 어떤 단어가 있는지 구별해낼 수 있어야 합니다. 덩어리로 들리는 영어에서 단어를 구별해내려면 어떻게 해야 할까요? 그림책으로 이 연습을 할 수 있어요. 지금부터 그 방법을 알려드릴게요.

소리가 하나면 의미도 하나다

앞에서 영어는 명사 중심의 언어라고 말씀드렸던 것, 기억하시죠? 영어를 가르칠 때 'Milk(우유)'라는 한 단어를 알려주는 것보다 "Milk, please!(우유 주세요)"처럼 단어가 하나의 문장으로 기능하는 표현부터 알려주는 게 훨씬 좋다고 조언했는데요. 이 방법을 실천하셨다면 아이는 이제 "Ice cream, please!" "Water, please!" 같은 표현도 이해할 수 있을 거예요.

이제 의미를 좀 더 확장해 보죠. 아이에게 우유를 더 따라주면서 "More milk!"라고 말해주는 거예요. 그럼 아이는 Milk에 또 다른 소리가 더해지면서 다른 의미의 말이 되었다는 것을 알게 돼요. 이렇게 More를 붙여서 의사소통하는 연습을 충분히 했다면 다음에는 좀 더 긴 문장을 들려주세요.

"I want more milk!"

이 연습을 반복하면 아이는 소리가 하나 늘어날 때마다 의미도 하나씩 늘어난다는 사실을 알게 됩니다. 이게 바로 단어의 개념이에요. 이렇게 단어를 하나씩 쌓아가며 영어를 익히는 과정에서 아이는 단어를 잘못 쓰기도 할 거예요. 대표적인 것이 아이가 'I'라고 말해야 할 때 'My'를 쓰는 겁니다. 영어에서는 한국어도 사실 마찬가지예요. '나는' 혹은 '내가'라는 1인칭 주어로 자신을 지칭하는 화법은 늦게 나옵니다. 그보다는 "내 거!"라는 소유대명사가 먼저 나와요. 자기 장난감이나 과자를 챙겨야 하니까요.

그래도 걱정하지 마세요. 유아들은 나를 아직 '나'라고 부르지 못하거든요. 특정한 상황에서 'I'를 외워 따라 쓸 수는 있지만, 아직 자신을 '나'라는 주체로 부르지 못하는 것입니다. 여러분의 아이가 자신을 어떻게 부르는지 떠올려 보세요. 보통은 자신의 이름을 넣어 "○○이가 했어"라고 말할 겁니다.

영어도 마찬가지예요. my나 mine은 18개월 정도부터 등장하지만 I는 24개월부터 등장해서 일관되게 I를 쓸 수 있는 건 30~36개월 사이에요. 이후로도 한동안 혼동해서 사용할 수도 있어요. 그래서 영어를 가르치는 책엔 'I'보다 'My'가 먼저 나와요. 한국어를 배울 때도 '나'보다 '내 거야!'를 먼저 익히잖아요. 실제로 영국의 DK출판사가 영유아를 위해 낸 그림책 제목은 『My Do It』이에요. 영유아기 아이들이 I를 말하지 못해서 My를 대신 쓰니까요.

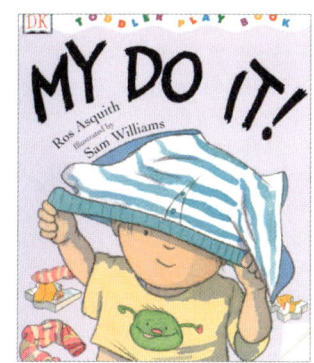

단어 개념 키우기, 그림책으로 연습하세요

그림책으로 단어에 대한 개념을 키워주려면 어떻게 해야 할까요? 다음 3단계 활동을 따라해 보세요.

1단계: 단어를 짚어가며 그림책을 읽어주세요

집집마다 한 권쯤은 있을 법해서 '국민 그림책'으로 불리는 에릭 칼의 『From Head to Toe』로 단어 개념을 키우는 방법을 알아볼게요. 이 책에는 여러 동물이 나옵니다. 동물들이 어떤 행동을 취하고, 아이에게 할 수 있냐고 묻는 형식이에요. 예를 들어 원숭이가 이렇게 물으면 책 속의 아이가 다음과 같이 대답하죠.

I am a **monkey** and I **wave** my **arms.** Can you do it?
I can do it!

1. 먼저 아이에게 모든 단어를 알려주지 않고, 굵게 처리한 단어 (Monkey, Wave, Arms) 세 단어의 뜻만 인지할 수 있게 도와주세요.
2. 손가락으로 단어를 하나씩 짚으며 읽어주세요. 예를 들어 "I am a monkey"라는 문장을 읽을 때는 손가락을 4번 짚겠죠? 단어가 4개니까요.
3. 그런 후 그림의 원숭이를 짚으면서 "Monkey"라고 한 번 더 말해줍니다.
4. 이후 "And I wave my arms"를 읽은 뒤 원숭이의 팔을 짚어서 보여주고, 양육자가 팔을 흔들면서 한 번 더 강조해 주세요.
5. 그 다음 동물이 보여주는 동작을 아이가 똑같이 따라하게 해

주세요.

6. 동시에 아이가 책 속의 아이처럼 "I can do it!"이라고 말하면서 단어를 하나씩 짚어보게 합니다. 이 과정에서 아이는 'I can do it'이 4개의 소리로 나뉘는 문장이라는 것을 알게 됩니다. 아직 글자를 읽는 게 아니라 소리를 외워서 말하는 단계이지만, 한 문장이 여러 단어로 이루어져 있다는 사실을 알게 되는 것이죠.

2단계: 아이가 잘 이해했는지 워크시트로 확인하세요

1단계와 같은 방식으로 그림책을 서너 권 읽었다면, 아이가 문장 속 단어를 구별하는지 확인할 필요가 있어요. 다음 워크시트를 참고해서 간단한 단어 나누기 활동을 해봅니다. 이 활동은 문장 속에 단어가 있다는 인식을 키워주는 활동이에요. sentence segmentation이라고 불립니다. 대문자로 시작해서 마침표(물음표 혹은 느낌표)로 끝난다는 쓰기 관행도 덩달아 아이가 익히게 됩니다.

1. 워크시트의 문장은 여러분이 소리내어 읽어줍니다.
2. 아이는 여러분이 읽는 것을 따라하면서 문장 아래의 원에 몇 개의 단어가 들리는지 색을 칠합니다.

이 워크시트는 원의 개수가 단어의 수와 동일하기 때문에 아직 단어 나누기에 익숙하지 않은 아이들도 쉽게 할 수 있습니다. 이 활동을 잘 마쳤다면, 다음 워크시트 활동을 추가로 해보세요.

1. 먼저 아이와 부모가 문장을 소리내어 읽습니다.
2. 그 다음 이 문장을 구성하는 단어가 몇 개인지 세어본 뒤 해당하는 칸에 별 스티커를 붙이는 것입니다.

3단계: 두운이 맞는 단어가 나오는 그림책을 읽어줍니다

영어의 문장은 단어로 이뤄져 있고, 띄어쓰기로 구분한다는 인식이 생겼다면, 이제 두운 맞추기 alliteration를 학습할 차례입니다. 단어의 첫 소리가 똑같이 반복되며 형성되는 영어의 운율에 익숙해지는 단계죠. 단어의 첫 소리를 알고, 첫 문자를 인지하는 연습은 영어를 배우는 아이의 문자 습득 초기 단계에서 매우 중요합니다. 아직 문자를 모르는 아이들은 영어의 첫 소리를 구분하는 것부터 매우 어렵게 느껴요. 그래서 두운 맞추기 연습을 하는 것입니다.

Tongue Twister로도 유명한 아래 구절은 가장 대표적인 Alliteration의 예이기도 합니다. P로 시작하는 단어들이 연달아 오면서 P 소리에 대해 듣는 이가 집중하게 해주지요?

Peter Piper picked a peck of pickled peppers.

이제 그림책을 보며 두운 맞추기 연습을 해볼까요? 두운을 강조한 그림책을 준비해 주세요.

제임스 딘과 킴벌리 딘, 『Pete the Cat and the Perfect Pizza Party』

James Dean과 Kimberly Dean이 함께 만드는 이 그림책은 『Pete the Cat: I Love My White Shoes』가 가장 유명해요. 총 50권이 넘는 시리즈인데, 그중 이 책은 P로 시작하는 단어들의 alliteration 향연이라고 할 수 있어요. 특히 피자 토핑으로 단어들이 하나씩 페이지를 넘기며 추가되는 형식을 띠고 있어서 아주 재미있게 읽을 수 있답니다.

It's a party, a party, a pepperoni and pretzel pizza party!

It's a party, a party, a pepperoni, pretzel, and pistachio pizza party!

It's a party, a party, a pepperoni, pretzel, pistachio, and pickle pizza party!

It's a party, a party, a pepperoni, pretzel, pistachio, pickle, and popcorn pizza party!

여기 나오는 단어들 뜻을 아이들이 다 알 필요는 없어요. 피스타치오가 필수 어휘는 아니니까요. 몇 개 외엔 그냥 P로 시작하는 소리만 즐기며 아이와 함께 읽으세요.

오드리 우드, 『Silly Sally』

이 책은 주인공 Silly Sally가 상상력 넘치고 엉뚱한 방식으로 "거꾸로, 뒤로 걸으며" 마을로 가는 여정을 그린 유아 그림책입니다. 가는 길에 다양한 동물을 만나며 함께 거꾸로 뒤로 걸으며 춤추며 마을로 가는 내용을 담고 있어요. 이 책에서는 다음 같은 문장들이 alliteration을 보여주고 있어요.

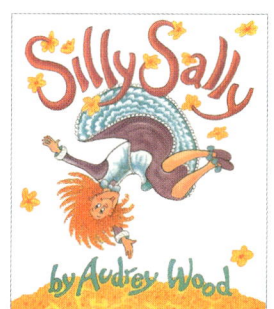

"Silly Sally swiftly shooed seven silly sheep."

"The seven silly sheep Silly Sally shooed shilly-shallied south."

"Silly Sally went to town, walking backwards, upside down."

S사운드가 반복되는 allieteration을 이 책으로 즐겨보세요.

케빈 헹크스, 『Lily's Purple Plastic Purse』

케빈 헹크스의 이 그림책은 주인공 Lily가 새로 산 보라색 핸드백을 학교에 가져와 자랑하다 선생님과 갈등을 빚는 내용이에요. 어린이다운 Lily의 마음과 생각이 잘 담겨 있어요. 이 책에는 다음 같은

alliteartion을 찾아볼 수 있어요.

"Lilly's purple plastic purse,"
"The quarters were so shiny,"
"Glasses were so glittery."

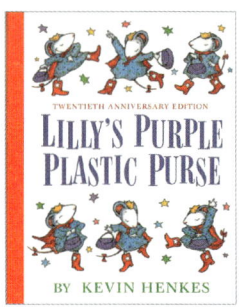

그 외에 『If You Were an Alliteration』 같은 책은 alliteration의 개념을 예시와 함께 풀어서 잘 설명해주고 있어요.

alliteration
개념 설명 예시

단어 개념을 키우는 그림책

에밀리 그라벳, 『Orange Pear Apple Bear』

영국의 대표적인 그림책 상인 케이트 그린어웨이Kate Greenaway 상을 수상한 그림책입니다. 이 책에는 4가지 주인공이 등장합니다. 오렌지, 배, 사과, 곰이죠. 처음에는 그림 하나에 단어가 하나씩 제시돼요. 사과 그림과 Apple, 오렌지 그림과 Orange 같은 형식으로요.

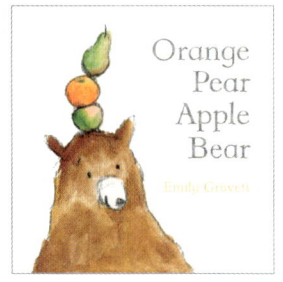

뒷장으로 넘어가면 이 사물들이 둘씩 짝지어 나오기 시작합니다. 사과와 배가 함께 그려진 그림에 Apple과 Pear가 써 있는 식이죠. 그러다가 결국 오렌지, 배, 사과, 곰이 여러 조합으로 한 페이지

오드리 우드, 『Silly Sally』

이 책은 주인공 Silly Sally가 상상력 넘치고 엉뚱한 방식으로 "거꾸로, 뒤로 걸으며" 마을로 가는 여정을 그린 유아 그림책입니다. 가는 길에 다양한 동물을 만나며 함께 거꾸로 뒤로 걸으며 춤추며 마을로 가는 내용을 담고 있어요. 이 책에서는 다음 같은 문장들이 alliteration을 보여주고 있어요.

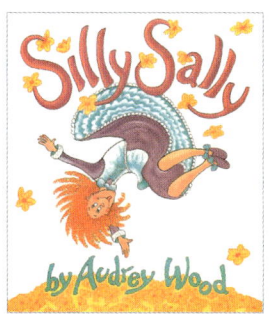

"Silly Sally swiftly shooed seven silly sheep."

"The seven silly sheep Silly Sally shooed shilly-shallied south."

"Silly Sally went to town, walking backwards, upside down."

S사운드가 반복되는 allieteration을 이 책으로 즐겨보세요.

케빈 헹크스, 『Lily's Purple Plastic Purse』

케빈 헹크스의 이 그림책은 주인공 Lily가 새로 산 보라색 핸드백을 학교에 가져와 자랑하다 선생님과 갈등을 빚는 내용이에요. 어린이다운 Lily의 마음과 생각이 잘 담겨 있어요. 이 책에는 다음 같은

alliteartion을 찾아볼 수 있어요.

"Lilly's purple plastic purse,"
"The quarters were so shiny,"
"Glasses were so glittery."

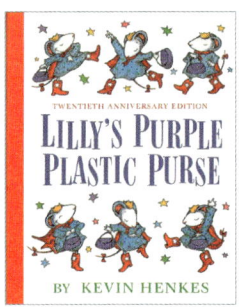

그 외에 『If You Were an Alliteration』 같은 책은 alliteration의 개념을 예시와 함께 풀어서 잘 설명해주고 있어요.

alliteration
개념 설명 예시

단어 개념을 키우는 그림책

에밀리 그라벳, 『Orange Pear Apple Bear』

영국의 대표적인 그림책 상인 케이트 그린어웨이^{Kate Greenaway} 상을 수상한 그림책입니다. 이 책에는 4가지 주인공이 등장합니다. 오렌지, 배, 사과, 곰이죠. 처음에는 그림 하나에 단어가 하나씩 제시돼요. 사과 그림과 Apple, 오렌지 그림과 Orange 같은 형식으로요.

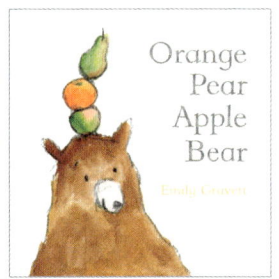

뒷장으로 넘어가면 이 사물들이 둘씩 짝지어 나오기 시작합니다. 사과와 배가 함께 그려진 그림에 Apple과 Pear가 써 있는 식이죠. 그러다가 결국 오렌지, 배, 사과, 곰이 여러 조합으로 한 페이지

에 등장해요. 사물들의 짝꿍이 이리저리 바뀌는 것도 재미있지만, 하나의 사물에 또 하나의 사물이 더해지는 것을 보면서 단어의 개념을 키우기 좋아요. 아직 글자를 읽지 못하는 아이도 사물이 늘어나면 소리가 늘어나고, 한 덩어리 글자에 또 다른 덩어리 글자가 추가되는 것을 배우게 되니까요.

멤 폭스, 『Where Is the Green Sheep?』

이 그림책에서는 "Where is the green sheep?"이라는 질문이 반복해서 등장해요. 그런데 초록색 양은 안 나오고 엉뚱한 양들이 줄줄이 등장하지요. 질문에 대한 대답도 동일한 문장 구조가 반복되는데요. 예를 들면 이런 식입니다.

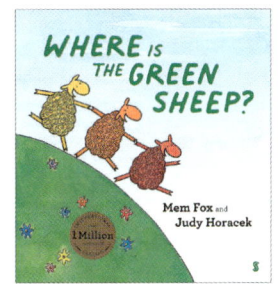

Here is the bed sheep.
Here is the bath sheep.

이렇게 동일 구조의 문장이 반복해 나오면서, 페이지마다 단어만 새롭게 교체되는 형식입니다. 이런 형식의 그림책은 단어 개념을 키우기에 아주 좋아요. 시중에는 아기 동물이 "Are you my mother?"라고 물으며 엄마를 찾아다니는 내용의 그림책

엄마와 함께 읽는
Where Is the
Green Sheep?
동영상

이 많은데요. 그런 유형의 그림책 중에서도 『Where Is the Green Sheep?』은 특히 인기가 높습니다.

에밀리 젠킨스, 『A Greyhound A Groundhog』

이 그림책에서는 그레이하운드와 그라운드호그가 단어와 함께 하나씩 제시되다가 둘이 같이 놀면서 두 단어가 앞서거니 뒤서거니 하는 순서의 조합으로 확장됩니다. 뒤로 갈수록 그레이하운드와 그라운드호그가 함께 여러 가지 놀이 동작을 하죠.

여기서 그레이하운드와 그라운드호그는 모두 Gr-소리로 시작되며 두운이 맞습니다. 또 hound의 /au/ 소리와 ground의 /au/ 소리는 같은 모음이 반복되기도 하고요. 이렇게 연달아 모음소리가 같은 현상을 유음 assonance이라고 불러요.

그림책 앞장에서 그레이하운드와 그라운드호그는 몸을 둥글게 말고 있습니다. 이 부분을 읽는 소리가 특히 재미있어요. 그레이**하운드**와 **그라운드**호그가 **라운드**Round한 모양을 하고 있으니까요. 영어의 '아운드' 소리는 입을 크게 벌려 공기를 모았다가 뱉어내면서 입안을 꽉 채우는 느낌을 줍니다. 영어로는 'Mouthful'하다고 표현하는데요. 이렇게 소리가 입을 채우는 단어를 읽고 듣는 건 감각적인 즐거움을 줍니다.

자넷&엘런 엘버그, 『Each Peach Pear Plum』

라임을 맞춘 단어가 많이 등장해서 읽을 때 리듬감이 좋은 그림책이에요. 같은 구조의 문장이 반복되고, 페이지마다 단어만 새롭게 대체되기 때문에 단어를 인식하는 데도 좋습니다. 예를 들면 이런 문장이에요.

Tom Thumb in the cupboard, I spy Mother Hubbard.
Mother Hubbard down the cellar, I spy Cinderella.

새로 등장하는 인물을 그림으로 보고, 단어를 귀로 듣고, 영어의 리듬감을 즐기기 좋습니다.

아만다 놀, 하워드 맥윌리엄, 『Are You My Monster?』

이 책은 아이가 My monster를 찾는 내용인데요. 페이지마다 Teeth, Claws, Tail이라는 단어가 반복해서 나와요. 각각의 괴물이 나올 때마다 아이가 이빨, 발톱, 꼬리가 있는지 계속 확인하거든요.

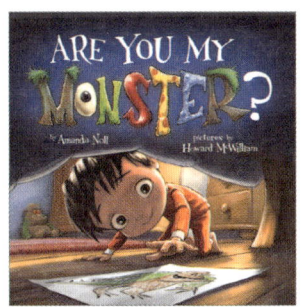

똑같은 단어가 페이지마다 반복되는 구조이기 때문에 음성 언어

로 영어를 배우는 단계의 아이들도 단어를 쉽게 구별할 수 있습니다. 괴물을 무서워하는 동시에 좋아하는 어린이의 심리를 자극해서 속편이 3권이나 나왔을 정도로 인기가 높은 책입니다. 아이에게 읽어주면 매우 재미있어 할 거예요.

그레엄 베이스, 『ANIMALIA』

두운을 익히기에 좋은 그림책이에요. 알파벳순으로 동물들이 등장하는데, 동물을 묘사하는 단어의 두운을 맞췄거든요. 이렇게요.

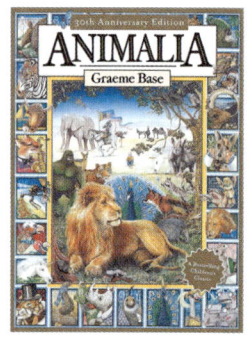

An Armored Armadillo Avoiding an Angry Alligator.

Beautiful Blue Butterflies Basking By a Bubbling Brook.

어린이는 동물을 좋아하니까 흥미롭게 읽을 수 있을 거예요. 단, 두운을 맞추느라 쓴 단어들은 아이들이 알아야 하는 필수 어휘가 아니에요. 어려운 어휘들은 의미를 몰라도 괜찮으니 음만 즐기게 하고 지나가세요.

조이스 시드먼, 『Swirl by Swirl』

소리내어 읽기에 아름다운 그림책으로 두운을 강조하고 있습니다. 보통 아이들에게 'S'를 가르칠 때, 뱀Snake 모양을 손으로 그려 보이면서 Snake는 /s/, /s/, /s/, /s/ 소리를 낸다고 알려줘요. 뱀이 부드럽게 움직이는 느낌이 마치 S와 닮아 있어서 아이들이 이해하기 쉽거든요. 이 그림책 내용이

전반적으로 그렇게 흘러갑니다. 여러 자연물에서 나선 모양spiral을 찾아보는 내용이거든요. 운율감이 뛰어난 책이니까 S의 부드러운 소리를 느끼면서 읽어보세요.

그림책을 읽어줄 때 아이가 전혀 엉뚱한 곳으로 호기심을 펼쳐낼 수 있어요. 그럴 때 조바심을 내며 아이를 책 내용으로 강제로 데리고 오려 하지 않아도 좋습니다. 여기서도 약간의 기술이 필요합니다. 예를 들어 그림책에 개구리frog가 나오면 아이는 책을 읽다 말고 "할머니 집에 갔을 때 이만한 개구리 봤어!"라고 반응하며 그 이야기를 계속 할 수 있는데요. 이때 "말 그만 하고 책 봐야지!"라고 말하지 마세요. 대신 "어머 그렇구나!" 하고 맞장구를 치며 듣다가 "그 frog와 이 frog 중에 뭐가 더 커?"라고 물으면서 아이를 다시 책으로 데려오세요. 저는 이것을 굴려가며 '풀린 털실 뭉치ball of yran를 다시 감아오기'라고 합니다. 아이를 억지로 책 앞에 끌고 오지 말고, 풀려서 굴러간 관심을 털실이라 생각하고 잘 감아와 주세요.

이제 아이는 귀로 들리는 말의 덩어리가 단어로 구성되어 있다는 것을 서서히 알아챌 거예요. 단어의 첫소리가 반복되는 리듬감을

즐길 테고요. 하지만 영어 읽기에 도달하려면 아직 멀었습니다. 우리는 완행열차를 타고 풍경을 즐기며 천천히 갈 예정이에요. 조급한 마음을 버리고 영어를 즐겨봅시다.

"버스와 bus, 어떻게 다를까?"
원어민 발음의 비밀

어른도 많이 틀리는
영어 음절 발음

음절 지도 /
초성과 라임 지도

"버스와 bus, 이 두 발음은 어떻게 다를까요?"

대학의 교양영어 수업을 맡으면, 저는 늘 이 질문으로 시작합니다. 그리고 한국말로 '버스' 발음을 들려주고, 영어로 'bus' 발음을 들려주죠. 그럼 대부분 이렇게 대답합니다. "하나는 길고, 하나는 짧아요." 그런데 정답은 아닙니다. 답은 '으' 소리에 있죠. 한국어로는 '버스'지만, 영어로는 '버ㅅ'에 가깝죠. 영어를 발음할 땐 모음 'ㅡ' 소리가 없어야 합니다. 그래서 한국어 '버스'는 두 음절이지만, 영어 'bus'는 한 음절이죠. 's' 소리가 명확한 한 음절이 아니란 얘깁니다.

한국인이 영어를 발음할 때 가장 많이 잘못 발음하는 게 바로 이겁니다. 한국어에선 자음을 혼자 두지 못하고, 반드시 모음 'ㅡ'나

'ㅣ'를 붙여서 하나의 음절로 만들거든요. 반면 영어에서는 자음 혼자 약한 소리를 내면서 음절로 분리되지 않는 소리가 있어요. 그래서 한국인이 영어를 배울 땐 바로 이걸 명확하게 구별하는 연습이 필요합니다.

한국어와 영어 음절이 다른 이유

본격적인 이야기를 시작하기에 앞서 문제를 하나 낼게요. 다음 세 단어는 각각 몇 음절일까요? 영어로 발음하면서 음절을 세어보세요.

Message　　　　　Smile　　　　　Mountain

모두 3음절이라고 생각하지 않으셨나요? 정답은 각각 2음절(Message), 1음절(Smile), 2음절(Mountain)입니다. 음절은 모음을 중심으로 형성되기 때문이에요.

Message는 'mess-'에 어미 '-age'가 붙은 꼴로 2음절이에요. 마지막 모음 e는 묵음입니다. 철자법 편의상 써넣은 글자라 소릿값이 없어요. 굳이 한국어로 표시하자면 '메ㅅ에ㅈ'에 가깝습니다. 하지만 한국인은 'g' 다음에 한국어 모음 'ㅣ'를 무의식적으로 끼워 읽는 경우가 많죠. 'ㅈ'라고 스치듯 소리내고 지나가야 하는데, '지'라고 정확하게 발음하는 것입니다.

Smile도 마찬가지에요. 's'에 한국어 모음 'ㅡ'를 붙여서 '스'라고 발음하면 안 됩니다. 's'는 방울뱀이 내는 소리와 비슷해요. 한국어 '스'와 완전히 다른 소리죠. 또 영어에서는 1음절 단어 끝에 e가 붙으면 그 전에 있는 모음은 알파벳의 이름과 같은 소리가 납니다. smile의 i를 '아이'라고 읽는 건 그래서죠. 여기서 중요한 사실은 한국어로 'i'를 발음할 땐 '아/이'라는 2음절이지만, 영어의 i는 포물선을 그리며 이어지는 1음절 장모음이라는 것입니다. smile이 1음절인 이유입니다.

Mountain은 어근 'mount'에 어미 '-ain'이 붙은 2음절 단어입니다. 여기서 'ou'는 이중모음이에요. 우리는 '아/우'라는 2음절로 발음하지만, 원어민은 포물선을 타고 이어지는 듯한 1음절 장모음으로 발음합니다.

구분하기 조금 어렵죠? 한국어와 영어의 발음 체계가 달라서 그렇습니다. 앞서 보여드린 것처럼 영어 음절을 구분하는 연습을 하면 이 문제를 극복할 수 있어요. 그렇게 하려면 아이에게 그림책을 읽어주기 전에 사전에서 단어를 찾아 음절을 세어보세요. 음성 부호에 있는 띄어쓰기를 보면 음절을 쉽게 알 수 있어요.

음절을 세는 데 유용한 사이트로 Syllable counter를 추천합니다. 검색창에 원하는 단어를 쓰고 하단의 〈Count syllables〉 단추를 누르면, 이 단어가 몇 음절로 이루어져 있고, 어떻게 끊어 읽고, 어디에 강세를 주어 발음해야 하는지 정리해서 알려줍니다.

Syllable Counter

영어 음절, 이렇게 세어 보세요

이제 아이들에게 음절을 가르쳐볼까요? 학습의 난이도에 따라 두 가지 단계로 구성했습니다. 아이가 1단계 활동을 잘 따라하고, 음절을 구별하는 데 익숙해졌을 때 2단계로 넘어가세요.

1단계: 음절 맞추기

음절 구별을 위한 활동에서 가장 쉬운 것은 박수치기 놀이에요. 다음 예시처럼 각 단어를 발음하면서 몇 음절의 소리가 나는지 박수를 쳐보는 겁니다.

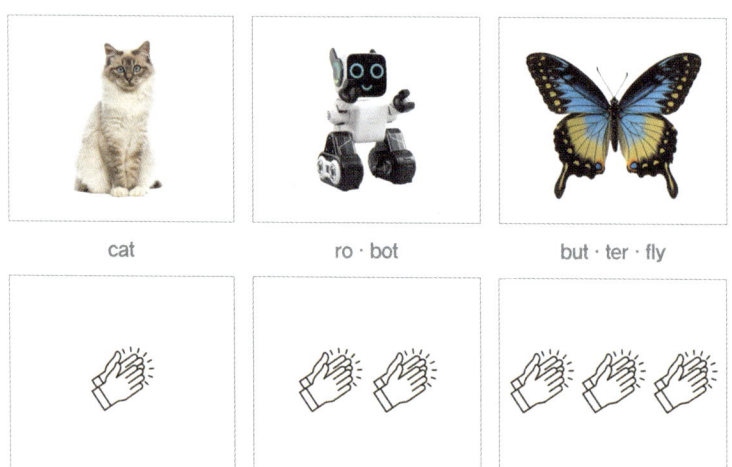

1. 먼저 한국어 음절을 구별하는 연습을 해보면 좋아요. 한국어는 음절 단위로 딱딱 떨어진다는 걸 먼저 알아챈 후 영어는 이와 다르다는 것을 느낄 필요가 있거든요. 아이, 엄마, 아빠 이름(한국어)의 음절을 박수로 쳐보세요. 아이에게 가장 친숙하고 의미 있는 정보라서 더 쉽게 받아들일 수 있어요.
2. 이제 영어 단어로 음절 박수치기를 해봅니다. 처음에는 1음절 단어로 시작해 주세요. Cat, Map, Ball, Pot 같은 것요.
3. 1음절 단어를 어느 정도 이해했다면 2음절, 3음절로 점차 늘려갑니다.

박수치기가 지겨워지면 발 구르기, 종이에 음절 수만큼 동그라미 치기 등으로 변주해도 좋아요. 'I spy' 놀이를 활용해 각 음절에 맞는 단어 찾기를 해도 재밌습니다. 이 놀이는 스무고개와 비슷해요. 한 사람이 먼저 힌트를 줍니다.

"I spy with my little eyes something green!
(내 작은 눈에 녹색의 무언가가 보이지!)"

그러면 상대방이 "Does it have leaves?(잎이 달렸니?)" 같은 질문을 하며 답을 찾아가는 것입니다. 이 놀이를 음절 맞추기로 바꿔서 문제를 내보는 겁니다. 이렇게요.

I spy with my little eyes something with 2 syllables!

(내 작은 눈에는 2음절로 된 무언가 보이지!)

2단계: 단어의 초성과 라임을 구별하는 연습

영어의 1음절 단어는 초성onset과 라임rime으로 이루어져 있어요. 초성은 1음절 영어 단의 첫 소리를, 라임 뒤의 모음과 종성 자음을 의미해요. 라임의 경우 번역할 수 있는 한국어가 없습니다.

'Dog'란 단어를 예로 들어 볼게요. 'Dog'는 초성 'D'와 라임인 'og'로 구분할 수 있어요. 여기서 라임rime은 운율rhyme과는 달라요. 예를 들어 care와 pair는 운율은 같지만, 라임은 다른 단어예요. care와 라임이 같은 단어는 bare, fare 등이죠. 운율은 소리가 같은 걸 말하고, 라임은 소리뿐 아니라 철자도 동일합니다. 라임이 같은 단어들을 '가족 단어word family'라고 합니다.

자, 이제 본격적으로 초성과 라임rime 구별 연습을 해볼게요. 아이들은 몸을 움직여서 학습할 때 가장 잘 배우니까 원-투 펀치One-

two punch 활동을 해볼 거예요.

1. 먼저 1음절 단어를 하나 선정하세요.
2. 단어의 초성을 말하며 한 손으로 다른 쪽 팔을 칩니다. 그 다음 라임을 말하며 다른 손으로 반대편 팔을 치고요. 양 팔을 감싸 안으며 초성과 라임을 합한 단어를 발음하는 활동이에요. 이렇게요.

몸으로 초성과 라임을 익혔다면 이제 종이 활동으로 기본기를 다질 차례예요. 초성과 라임으로 구분된 알파벳 카드를 맞춰서 단어를 만드는 활동을 해보세요.

이 활동을 할 땐 알파벳이 하나씩 있는 자석이나 카드를 사용하면 안 돼요. 라임이 나누어지니까요. '첫 문자'와 '끝소리' 부분을 함께 볼 수 있어야 단어 구분

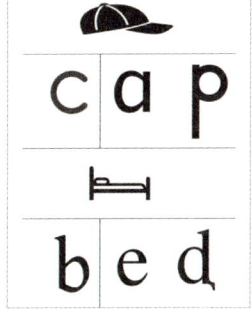

인식이 생기거든요.

초성이 적힌 카드를 쭉 늘어놓고, 여기에 라임을 대입해 단어를 읽어보거나 활동지를 가지고 단어를 초성과 라임으로 구분해보는 활동이 도움이 됩니다.

음절 인식을 키우는 그림책

제니크 코트, 『Rhymoceros』

영어 음절에 대한 감을 잡을 때 좋은 그림책이에요. 양쪽 페이지에 운Rhyme이 맞는 두 단어가 주어집니다. 'Moon-Balloon'과 같은 식으로요. 페이지를 넘길 때마다 각 단어의 음절대로 아이와 함께 박수를 쳐보세요. Moon은 1번, Balloon은 2번 박수를 쳐야겠죠?

한국인이 음절을 헷갈려할 만한 단어가 많이 나온다는 점도 이 책의 장점입니다. 예를 들면 'Stinky-Inky' 같은 단어인데요. 'Stinky'가 더 긴 음절 같지만, 사실 두 단어는 똑같이 2음절이에요. 이렇게 그림책을 보며 박수 치기를 하면 영어 음절에 익숙해지는 데 도움이 될 거예요.

스티브 웹의 『Tanka Tanka Skunk!』

음절 놀이에 가장 좋은 그림책이 아닐까 싶어요. 표지에도 "Stamp your feet to the Skunka Tanka beat!(스컹카 탕카 박자에 맞춰 발을 굴려요)"라고 쓰여 있잖아요. 음절 인식 연습을 할 때 보통은 박수를 많이 쳐요. 이 책을 읽을 때는 발을 구르거나 장난감 북을 가져다 쳐보시길 권해요. 특히 이 책이 유용한 것은 'Kangaroo'처럼 긴 단어는 그림 위에 아예 음절을 끊어서 표시해두었다는 점이에요. 'Kan-ga-roo'라고요.

줄리아 도날드슨, 『What the Ladybird Heard』

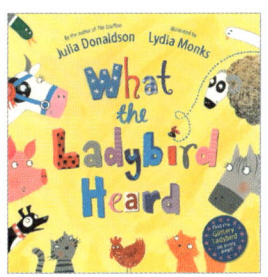

친숙한 동물이 주인공으로 잔뜩 등장하는 그림책이에요. 같은 구조의 문장이 반복되고, 쓰인 단어도 쉬워서 따라 읽기 좋습니다. Moo(소), Cluck(닭), Baa(양) 등 저마다 다르게 우는 동물의 울음소리를 들을 수 있는 것도 재미있죠. 이 책은 특히 한국 어린이들에게 좋아요. 우리 아이들은 의성어에 기민하게 반응하거든요.

크레이그 스미스, 『The Wonky Donkey』

문장 전개가 독특하고 재미있어서 미국에서 선풍적인 인기를 끈 그림책입니다. 기본적으로 다음 문장이 계속 반복됩니다.

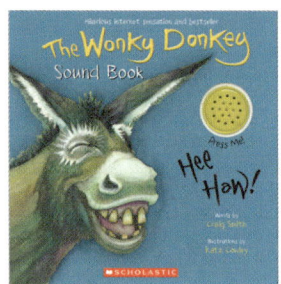

I was walking down the road, and I saw a donkey…hee-haw! And he only had three legs. He was a wonky donkey.

(길을 걷다가 당나귀 한 마리를 봤는데… hee-haw! 그 당나귀는 다리가 3개뿐이었어. 괴짜 당나귀였지.)

여기에 페이지가 넘어갈 때마다 당나귀의 특이한 신체적 특징이 하나씩 추가되는 식으로 이야기가 전개되죠. 반복되는 긴 문장은 부모가 읽어주고, 당나귀의 특성을 나타내는 단어의 음절만 아이가 구별할 수 있게 해주세요. 당나귀의 울음소리를 나타낸 "Hee-haw!"는 모두 같이 소리내어 읽으면 더 재미있겠죠?

이브 서튼, 『My Cat Likes to Hide in Boxes』

이 그림책 역시 같은 구조의 문장을 반복하는데요, 그래서 읽는 묘미가 있습니다.

처음에는 이렇게 시작해요.

My cat likes to hide in boxes.
(우리 집 고양이는 상자에 숨기를 좋아해요.)

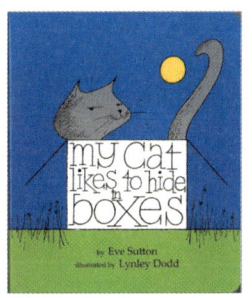

그 다음부터 각 나라에서 온 고양이들이 좋아하는 게 무엇인지 설명을 하지요. 예를 들면 이렇게요.

The cat from France likes to sing and dance.
(프랑스 출신 고양이는 노래하고 춤추기를 좋아해요.)

기본적인 문장은 계속 반복되니 달라지는 국가의 이름으로 음절 구별 연습을 해보면 좋습니다. 각 고양이 그림을 보여주면서 "the cat from France", "the cat from Italy"라고 먼저 알려주세요. 어느 나라 고양이인지 익힐 수 있게요. 그러고 나서 책을 읽기 시작하면 읽기가 쉬워질 거예요.

초성과 라임 구별을 돕는 그림책
영어를 처음 배우는 어린이가 많이 접해야 하는 1음절 단어와 연속 자음 단어가 많이 쓰인 책 위주로 골랐습니다.

닥터 수스, 『The Cat in the Hat』
이 책의 문장을 살짝 보여드릴게요.

The sun did not shine.
(해가 비치지 않았어.)
It was too wet to play.
(너무 축축해서 놀 수가 없었지.)
So we sat in the house.
(그래서 우리는 집에 앉아 있었어.)
All that cold, cold, wet day.
(너무 춥고 눅눅한 하루였어.)

읽기만 해도 운율감이 느껴지지 않나요? 글 전체가 네 줄로 이루어져 있고, 두 번째 줄과 네 번째 줄은 play와 day로 운율을 맞췄어요.

네 줄이 한 단위를 이루는 구조는 어린이 책에서 흔하게 등장하는 구조입니다. 운율이 맞는 단어가 많아서 소리내어 읽기에 재미있기도 하죠. 특히 Sun, Play, Day 등 1음절 단어가 많이 나오니, 책을 다 읽은 뒤 초성과 라임을 구별하는 활동을 해보면 좋습니다. 이 책은 그렇지 않지만, 닥터 수스의 작품은 1960년대에 출간된 것들이 많아 인종차별 요소가 종종 발견되기도 합니다. 그러니 닥터 수스의 그림책을 고를 때는 내용을 유심히 살펴보세요.

모 윌렘스, 『CAT the CAT Who Is THAT?』

이 책도 같은 구조의 문장을 반복해서 만날 수 있어요. 주인공 고양이가 Mouse, Duck, Fish 등과 같은 동물 친구를 만나 인사하는 내용이거든요. 고양이가 "Cat the cat", "Mouse the mouse" 같은 말장난을 하다가 의외의 대상을 만나 무엇이라고 부를지 갸웃거리는 부분도 재미있어요.

친구를 만나 인사한다는 내용이 동물만 바꾸어가며 계속되기 때문에, 어린아이들도 충분히 따라갈 수 있습니다.

반복되는 구절 외에 새롭게 등장하는 단어에 집중할 수 있어 단어 확장에도 도움이 되고요. 마지막에 등장하는 반전은 덤입니다. 1음절 단어가 많고, 내용도 쉬워서 즐겁게 읽을 수 있을 거예요. 모 윌렘스 작가가 글을 막 배우기 시작한 어린이 독자를 생각하며 만든 책이거든요.

맥 바넷, 『Jack at Bat』

1음절 단어와 단문으로만 쓰인 쉬운 그림책이에요. 운율이 맞는 단어들이 쭉 등장하기 때문에 영어의 소리를 느끼며 읽기에 좋습니다. 특히 야구를 좋아하는 어린이에게 권해요. 맥 바넷의 스토리텔링도 놓치지 마세요. 어린이 심리를 잘 포착해서 글을 잘 쓰는 작가 중 한 명이니까요.

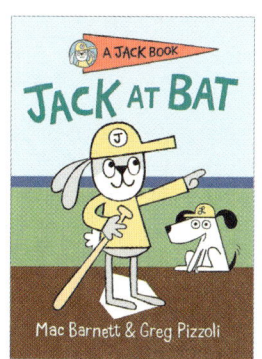

데이비드 밀그림, 『Poof! A Bot!』

영어 읽기를 갓 시작하는 어린이들이 보면 좋을 만한 쉬운 단어들로 쓰인 책이에요. 외계인과 로봇의 이야기라서 아이의 흥미를 끌기에 아주 좋지요. 문장은 간결하고 쉬운데 내용은 무척 재미있답니다.

데보라 헬리그먼, 『Cool Dog, School Dog』

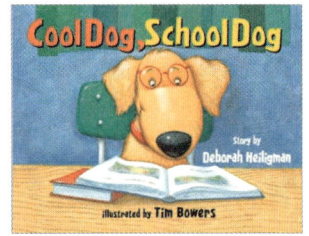

동물을 좋아하는 어린이라면 이 책을 정말 재미있게 읽을 거예요. 문장 속 단어들이 운율이 잘 맞춰져 있을 뿐 아니라, "a 형용사 dog, a 형용사 dog, a 긴 형용사구 dog"의 구조가 계속 반복되기 때문에 소리내어 읽기에 아주 좋습니다. 즐거운 운율감이 생기거든요.

이 책은 모든 문장의 마지막이 Dog으로 끝나면서, 개가 하는 여러 행동이 수식어로 따라 붙어요. 그 행동을 나타낸 단어가 모두 동사와 의성어라서 어휘를 확장하는 데도 좋습니다. 아이에게 그림책을 읽어줄 때, 그림책 작가의 이름으로 음절 손뼉치기를 해보세요.

실제로 미국 학교의 저학년 교실에서는 다함께 책을 읽기 전에 꼭 이 활동을 한답니다. 미국은 이민자가 많기 때문에 작가의 이름을 제대로 발음하는 건 성인에게도 쉽지 않은 일인데요. 작가의 이름을 부르는 것은 책에 대한 존중을 표현하는 방법이기 때문에 아이들과 함께 꼭 음절 박수를 치며 이름을 읽습니다.

앞에서 알려드린 음절 구별 활동은 최소 6세 이후부터 시작하세요. 영어 원어민 아이들도 4세가 되어야 운율을 즐길 수 있고, 음절은 5세가 되어야 구별할 수 있어요. 초성과 라임은 최소 5세 반 정도가 되어야 이해할 수 있고요.

조금 늦게 배운다고 문제가 되진 않습니다. 오히려 너무 빨리 학습하면 문제가 생기죠. 그러니 조급하게 생각하지 마세요. 영어에 대한 인식은 한 번의 학습으로 생기지 않아요. 아이와 함께 긴 여정을 즐겨주시기를 바랍니다.

파닉스 시작 전에 체크해야 하는 6가지

세 살인데 영어 읽는 내 아이…
'파닉스 천재'라는 부모 착각

"아그띠에, 아그띠그~"

우리 아이가 옹알이를 하던 시기에 주로 내던 소리입니다. 저 같은 언어 전공자들은 양육자가 되면 아이의 음성을 귀 기울여 듣습니다. 아이가 처음 내뱉은 단어나 17개월 현재, 121개의 단어를 구사한다는 사실 등을 기록해 놓기도 하죠.

언어학자들은 여기서 한 발 더 나아갑니다. 아기들이 옹알이 시기에 어떤 음소를 주로 구사하는지에 대해 연구하거든요. 각 나라마다 주로 사용하는 음소가 다르기 때문에 아기가 자주 내는 음소는 언어별로 다르게 나타납니다. 고민은 여기서 시작됩니다. 음절 중심의 모국어를 배우는 한국 어린이가 영어의 음소에 익숙해지려면 어떻게 해야 할까요?

아이의 영어 학습과 관련해 가장 많이 받는 질문 중 하나가 '파닉스phonics'에 관련된 겁니다. 파닉스는 언제 떼야 하는지, 어떻게 하면 파닉스를 뗄 수 있는지 같은 걸 정말 많이 묻습니다. 특히 요즘은 영어 학습 시기가 어린이집 다니는 시기까지 낮아지면서 관심이 더 높아졌습니다.

영어의 파닉스는 음소를 인식하고 이를 조작하는 법을 배우는 활동을 통해 읽기를 배우는 방법입니다. 단어는 여러 개의 소릿값으로 구성되어 있고, 소리가 바뀌면 다른 단어를 만들 수 있다는 것을 인식해야 영어를 읽을 수 있죠. 마더구스를 자주 들려주고, 영어 그림책을 읽어줘야 하는 건 그래서예요. 영어로 말놀이를 많이 하면 음소 인식이 자라거든요.

파닉스 학습을 하기 전에 갖춰야 할 것들이 있습니다. 무엇보다 중요한 건 영어의 음소 인식을 키우는 거죠. 음소는 단어의 뜻을 구별해 주는 말소리의 최소 단위입니다. 자음 소리, 모음 소리가 각각 하나의 음소예요. 영어에서는 음소가 중요해요. 자음과 모음이 각각 독립적으로 소리를 내거든요. 그런데 한국어는 그렇지 않습니다. 자음은 독립적으로 소리를 내지 못하고, 모음과 만나야만 소리를 내거든요. 한국어는 자음과 모음이 합쳐진 음절 중심 언어입니다.

바로 여기서 고민이 시작되죠. 한국인이 영어를 원어민처럼 발음하기 어려운 이유가 바로 이거거든요. 한국 어린이가 영어를 처음 배울 때 가장 힘들어하는 지점이기도 하고요. 앞에서 영어 음소에 익숙해지는 여러 가지 방법을 살펴봤는데요. 여기서는 파닉스 학습 전에 갖춰야 할 '사전 문해성 기능 pre-literacy skills'에 대해 알아보겠습니다.

파닉스, 일찍 가르쳐도 소용없다

영국 어린이가 파닉스를 배울 때 주로 쓰는 교재『졸리 파닉스 Jolly Phonics』는 목차가 신선합니다. 일반적인 파닉스 교재는 단자음이나 단모음부터 시작하는데요. 이 책은 1권에서 음소 's, a, t, i, p, n'을 가르치거든요. 이유가 있습니다. 영어 원어민 아이들이 옹알이할 때 가장 많이 발음하는 음소들이거든요.

영어가 모국어인 아이에게 언어의 기본은 음소입니다. 자음도 독립적으로 하나의 소리를 내니까요. 우리나라 아이들에게는 그렇지 않습니다. 한국어는 자음과 모음이 합쳐져야 비로소 소리가 나니까요. 'ㄱ+ㅏ=가'라는 방식으로 한글을 배울 때 외에는 자음과 모음을 따로 떼어 생각할 기회가 거의 없으니까요. 저는 아이들의 음소 인식을 키우기 위해 동요를 만든 적이 있는데요.

　　슈슈슈 슈슈슈 슈파루파루(ㅅ을 떼고!)
　　유유유 유유유 유파루파루(ㅍ을 떼고!)

이런 가사의 노래였는데, 초등학교 2~3학년 정도가 되어야 음소를 떼면서 따라 부를 수 있더라고요. 그만큼 우리나라 어린이에게 음소는 어려운 개념인 겁니다.

　파닉스를 학습하려면 먼저 아이에게 음소 인식이 생겨야 합니다. 파닉스란 음소와 글자 사이의 관계를 이해하는 것이기 때문입니다. 물론 음소를 완벽하게 알아야 한다는 의미는 아닙니다.

　아이가 문득 "사과는 왜 ㅅ을 써서 '사과'라고 할까? '아과'라고 부르는 건 안 될까?" 같은 궁금증을 갖기 시작하면 음소 인식이 생긴 거라고 볼 수 있죠. 이런 사고를 바탕으로 아이는 파닉스를 배우며 자연스럽게 음소 인식을 키워가죠.

　음소 인식을 더 빠르게 키우는 방법이 있습니다. 먼저 영어 동요를 많이 들려주세요. 부모가 함께 따라 부르며 음소를 강조하면 좋습니다. 예를 들어 동요 'Jack and Jill'을 부른다면 이렇게 해보는 거예요.

> Jack and Jill went up the hill
> to fetch a pail of water
> Jack fell down and broke his crown
> and Jill came tumbling after.

　'-ill' 소리 앞에 J가 붙을 때와 h가 붙을 때의 소리가 다르고, '-own' 앞에 d가 붙을 때와 cr이 붙을 때의 소리가 다르다는 것에 주목하게 만들어주면 좋아요. 명시적으로 설명하지는 말고요.

　이 소리를 길게 늘려 "J~~~ill, h~~~ill"이라고 발음하면서 "어? J

에 -ill가 더해지면 Jill이고, h에 -ill가 더해지면 hill이네! 어떤 소리의 차이 때문에 다른 말이 됐지?"라고 질문을 건네 보세요. 이 정도면 다른 소리가 앞에 붙으면 단어가 달라진다는 것을 알아챌 수 있습니다.

학자마다 견해가 조금씩 다르지만 영어에는 8개의 음소 인식이 있어요. 자세한 개념은 파닉스를 익히면서 하나씩 학습하게 될 텐데요. 이중 음소 삭제, 음소 추가, 음소 혼합 등 세 가지 음소 인식은 집에서 영어 동요를 듣고 그림책을 읽으며 충분히 키울 수 있습니다. 예를 들어 'Stop'에서 'S'를 삭제하면 'top'이 되는 걸 아는 게 음소 삭제 개념이에요. 'Nail' 앞에 'S'를 추가하면 'Snail'이 되는 건 음소 추가 개념이고요. 'C(k)-a(æ)-t(t)' 소리가 연달아 합쳐지면 'Cat'이 되는 건 음소 혼합 개념이죠. 이러한 음소 혼합 인식은 가정에서 영어 동요를 듣고, 그림책을 읽으며 충분히 키울 수 있습니다.

파닉스 학습 전에 알아야 할 6가지

음소를 얼추 인식했다면, 이제 파닉스를 배울 차례입니다. 다만, 본격적인 학습에 돌입하기 전 아이가 **사전-문해성 기능**pre-literacy skills을 가지고 있는지 꼭 확인해 보세요.

사전 문해성 기능이 발달하지 않은 아이는 문자를 학습하기가 어렵습니다. 3~4세 어린이에게 파닉스를 가르치는 게 좋지 않은 이유죠. 너무 일찍 문자를 배우면, 문자를 읽을 수는 있지만 내용은 이해하지 못하는 부작용이 생길 수 있거든요.

사전 문해성 기능은 한국어 읽기를 배울 때도 해당됩니다. 한글을 읽을 수 있는 아이는 이미 사전-문해성 기능이 완성된 상태죠. 이 기능은 한번 배우면 외국어를 배울 때도 전이transfer되어 사용할 수 있습니다. 그러니 아이가 어리다면, 영어는 음성 언어로만 노출시키다가 한글을 읽을 수 있을 때부터 파닉스를 가르치면 좋습니다.

사전 문해성 기능 6가지를 체크해보세요

그렇다면 아이가 사전 문해성 기능을 갖추고 있는지 어떻게 알 수 있을까요? 다음의 여섯 가지를 갖추고 있다면 '그렇다'고 할 수 있습니다.

아이가 단어를 알고 있나요?

여기서 단어를 안다는 것은 글자로 쓸 수 있는 게 아닙니다. 듣고 말할 줄 아는 단어를 말합니다. 모국어 어휘량은 생활하면서 자연스레 쌓이지만, 영어 어휘량은 부모가 쌓아주어야 해요. 앞에서 영어로 놀아주는 방법을 알려드렸죠? 이게 모두 영어 어휘량을 늘리기 위한 작업이었습니다. 앞에서 소개한 활동을 잘 따라한다면 아이의 영어 어휘량은 충분히 쌓일 거예요. 음성 언어로 보유한 어휘 vocabulary의 양은 매우 중요합니다.

미국에서 아이가 초등학교에 입학하는 나이인 만 5~6세의 평균 음성 어휘 수는 2,500~5,000개예요. 듣고 이해할 수 있는 수용적인 어휘까지 합한 전체 어휘 수는 8,000~10,000개로 추정합니다. 한국 아이들의 공식적인 영어 교육 시기는 초등 3학년이고, 그 이전에 아이들이 얼만큼의 영어 어휘를 알고 있는지에 대한 본격적인 연구는 없어요. 외국어 어휘인만큼 모국어 어휘량에 비할 수는 없지만, 최소 천 개 이상의 음성 어휘로 영어 단어를 알고 있어야 본격적인 영어 학습에 도움이 될 거라고 추정하고 있습니다. 읽기를 배우기 전, 그러니까 파닉스를 배우기 전 아이들이 음성 언어에 노출될 필요가 있는 이유는 바로 여기에 있어요.

아이가 인쇄물 보는 것을 좋아하나요?

인쇄물에 대한 동기print motivation가 있어야 문자를 잘 배울 수 있어요. 이 기능을 키우는 방법은 의외로 쉽습니다. 양육자가 책을 자주 읽어주고, 양육자 스스로 책 읽는 모습을 많이 보여주면 되거든요. 또한 집에 있는 책의 수, 한글 책의 수, 영어 책의 수도 인쇄물 동기에 포함됩니다. 책이 많은 환경에서 책을 읽는 부모를 보며 자라고, 부모가 책을 읽어주는 양육을 받는 일이 중요합니다. 부모가 전혀 책을 읽지 않으면서 아이에게만 책을 읽으라고 하는 모순은 아이의 책읽기에 도움이 되지 않아요. 아이는 부모의 말보다는 행동을 보고 더 많이 배우니까요.

인쇄물 개념이 생겼나요?

글자는 아직 모르지만 책을 볼 때 오른쪽에서 왼쪽으로 시선을 옮기고, 거꾸로 쥐어준 책을 똑바로 돌려 잡는다면 인쇄물 개념print concept이 생긴 겁니다. 정확한 판단을 위해서는 그림이 있는 책과 없는 책을 둘 다 테스트 해보세요. 인쇄물 개념은 다음과 같은 내용을 측정합니다.

1. 책표지를 그림이 있건 없건 바로 잡을 수 있는가?
2. 책표지에서 제목과 글 작가, 그림 작가 이름을 짚을 수 있는가?
3. 책장을 오른쪽에서 왼쪽으로 넘길 수 있는가?
4. 책을 펼치고 왼쪽 상단에서 한 줄씩 읽어 오른쪽 하단으로 이동한다는 것을 아는가?
5. 문장이 존재하고 이를 시작하고 맺는 장치(구둣점)가 있다는 것을 아는가?

이야기를 들으면 잘 이해하고, 스스로 이야기를 잘할 수 있나요?

그렇다면 아이에게 서사 능력narrative skill이 있는 거예요. 이 기능이 발달한 아이는 이야기에 시작-전개-결말이 있다는 것을 알고, 자신의 경험을 이 단계에 맞춰서 말할 수 있습니다. 책의 내용을 예측하고 기대하며 따라가기도 수월해지죠. 아이에게 옛날이야기 등을 많이 읽어주면 좋은 이유가 바로 여기에 있어요. 서사 구조를 알고 있어야 의미가 담긴 책의 내용을 담아낼 수 있으니까요.

글자가 무엇인지 알고 있나요?

문자에는 '기역', '니은', '에이', '비' 같은 이름이 있고, 글자마다 서로 다른 소리가 난다는 것을 인지하는지를 묻는 겁니다. 아이들은 보통 거리의 간판을 보고 글자 지식letter knowledge을 키우는 경우가 많아요. 그래서 특히 도시에 사는 영어 원어민 아이들이 가장 먼저 익히는 알파벳은 뭔지 아시나요? 바로 'M'입니다. 맥도날드McDonald's 때문이죠.

음운 인식이 있나요?

영어 동요를 듣고 운율 맞추기rhyming를 할 줄 안다면 음운 인식phonological awareness이 생긴 거예요. 앞에서 말씀드린 내용들이 이 기능을 키우기 위함이었죠. 음운 인식은 음소 인식보다 큰 개념이에요. rhyming, 두운 맞추기, 문장 속 단어 구별하기, 음절 구별하기, 초성onset과 라임rime 구별하기를 거쳐 음소 인식까지를 포괄해서 음운 인식이라고 해요.

사전-문해성 6가지를 갖추었다면, 이제 파닉스를 배울 때가 되었습니다. 파닉스는 부모가 직접 가르치는 것보다 전문가의 도움을 받길 권합니다. 이렇게 말하면 "좋은 파닉스 선생님은 어떻게 찾나요?"라는 질문을 받는데요. 음소 인식을 제대로 알고 가르치는 선생님을 찾으시면 됩니다. 파닉스를 가르친다면서 알파벳과 그 소리를 가르치고 그 소리로 시작하는 단어들만 나열하는 방식을 사용하는 분은 거르셔야 해요. 성인에게 영어를 가르치는 것은 쉽습니다. 인지 기능이 다 발달되었고, 학습 습관도 잡혀 있어서 영어만 전달하면 되거든요.

하지만 아이에게 영어를 외국어로 가르치는 일은 아주 복잡합니다. 아이의 발달 단계를 고려해야 하니까요. 아이를 가르치는 영어 교사는 그만큼 전문 지식이 많이 필요합니다. 한국의 영어 유치원은 정식 유치원 인가를 받은 교육기관이 아닌 데다 교육부의 교육과정(누리과정)을 따르지 않습니다. 영어유치원은 어디까지나 학원입니다. 신중하게 선택해야 합니다.

음소 인식이란 무엇일까?

음소 인식은 음운 인식의 한 부분으로 듣는 이가 의미 단위를 구분하는 데에 도움이 되는 가장 작은 소리 단위를 듣고, 식별하고, 조작할 수 있는 기능입니다. 예를 들어, cat이라는 단어를 듣고, /k/ / œ / /t/, 세 가지 소리가 있는 것을 알려면 음소 인식이 필요합니다.

음소 분리 phoneme isolation 인식

한 단어 안의 음소를 분리해낼 수 있는 인식을 말합니다. Map이라는 단어의 첫 소리가 뭐야? 하고 물었을 때 m 소리라는 것을 아는 인식이에요. 다음과 같은 방식으로 확인할 수 있습니다. 주의할 점은 첫 소리 > 마지막 소리 > 중간 소리 순으로 인식이 발달한다는 점입니다(중간 소리가 어려워요).

- sun에서 첫 소리는 뭐야?
- cat에서 마지막 소리는 뭐야?
- vet에서 중간 소리는 뭐야?

음소 식별 phoneme identity 인식

다른 단어들 속에서 같은 소리(음소)를 식별하는 인식을 말합니다. 예를 들면, pat, put, pin에서 공통적으로 나는 소리는 뭐야?라고 물었을 때, p라는 걸 아는 인식입니다. 다음과 같은 방식으로 확인할 수 있습니다.

- bike, boy, bell에서 같은 소리는?
- water, web, worry에서 같은 소리는?

음소 유형화 phoneme categorization 인식

서너 개의 단어 중에서 첫소리 혹은 끝소리의 소리가 다른 하나를 찾아내는 인식을 말합니다. 예를 들면, fit, fun, cat, fan 중에서 소리가 다른 단어는?이라고 물었을 때 cat이라는 걸 아는 인식이에요. 다음과 같은 방식으로 물으며 확인할 수 있습니다.

- bee, ball, dig 중 소리가 다른 하나는?
- cone, log, fad 중 소리가 다른 하나는?

음소 혼합 phoneme blending 인식

음소들을 연달아 따로따로 발음하는 소리를 듣고 이 음소들을 합쳐서 하나의 단어가 되는 것을 아는 인식을 말합니다. 예를 들면, /p/, /æ/, /t/를 듣고 pat이라는 단어를 말할 줄 아는 인식이에요. 다음과 같이 물으며 확인할 수 있어요. 음소 인식 중 가장 유명한 인식이기도 해요. 한국에 파닉스가 처음 들어왔을 때 이 음소 혼합 활동을 주로 하면서 유명해졌어요.
- /m/ /æ/ /p/ 소리를 합하면?
- /p/ /e/ /n/ 소리를 합하면?

음소 분할 phoneme segmentation 인식

한 단어를 구성하고 있는 소리를 따로 나눌 수 있는 인식을 말합니다. 음소 혼합과 정반대 개념이에요. 예를 들어, "hat에는 어떤 소리들이 들어 있어?"라고 물으면 /h/ /æ/ /t/라고 답할 줄 알면 됩니다.

음소 삭제 phoneme deletion 인식

한 단어에서 한 가지 음소를 빼는 인식입니다. 소리 하나가 빠지면 단어 소리가 어떻게 달라지는지 식별할 수 있는 인식이기도 해요. 예를 들면, "smil에서 s를 빼면?"이라고 물었을 때 mile이 된다는 걸 알면 됩니다.

음소 추가 phoineme addition 인식

기존의 단어에 하나의 음소를 더해서 새로운 단어가 만들어지는 걸 아는 인식을 말합니다. 예를 들면, "top 앞에 s를 붙이면 어떻게 되지?"라고 물었을 때, stop인 걸 아는 인식을 말해요.

음소 대체 phoneme substitution 인식

한 단어의 첫 소리, 중간 소리 혹은 끝소리에 새로운 소리를 넣어서 새로운 단어를 만들 수 있는 인식을 말합니다. 예를 들어, "bug에서 g 대신 n을 쓰면 어떻게 되지?" 하고 물었을 때, bun이 되는 걸 아는 인식을 말합니다. 어떤 학자들은 음소 삭제와 음소 추가와 음소 대체를 합쳐서 음소 조작 phoneme manipulation이라고 하나로 말하기도 합니다.

이런 음소 인식들은 다양한 활동을 통해서도 키울 수 있고, 키우는 데에 도움이 되는 그림책들도 있습니다.

음소 인식 키우는 그림책

영어의 음소 인식을 키우는 데 도움이 되는 그림책을 소개합니다. 그림책을 읽으며 음소 인식 활동을 하면, 아이가 훨씬 더 수월하게 파닉스를 배울 수 있을 거예요.

벡 스탠슨, 매트 스탠슨, 『Did you take the B from my _ook?』

B로 시작하는 단어에서 B가 없어진다면 어떻게 될까요? 이 그림책에는 아이들이 잘 아는 영어 단어(Book, Bed, Ball, Boots, Beetle)들이 B가 없어진 형태로 등장

합니다. Bed를 아는 아이에게 '_ed'는 낯설게 들리겠지요?

　영어 단어를 어느 정도 아는 아이에게 적합한 책입니다. 부모는 긴 문장을 읽어주고, 아이는 B가 사라진 단어가 무엇인지 맞추면서 재미있게 읽을 수 있죠. 아이가 단어를 잘 모른다면 미리 책에 나오는 단어를 플래시카드로 만들어 보여준 뒤 책을 읽어주면 됩니다.

　이 책은 음소 인식 중에서도 매우 쉬운 '음소 삭제' 인식이 잘 나타나 있어요. 책 읽기를 마친 뒤에는 B 외에 다른 음소를 가지고 게임하듯 놀아보세요. 예를 들면 "Did you take the D from my -og?"라고 내용을 변주하는 거예요. Dad, Desk, Dish, Dinner, Dance 같은 단어들을 활용해서 다음 그림처럼 문장을 만들어 보면 좋겠죠.

The -og barked at my -ed!

　이때 활용할 수 있는 영어 단어는 구글에서 찾아보세요. "Words that words that begin with T for kids" 등의 검색어를 입력하면, 아이에게 보여주기 좋은 쉬운 단어 리스트 이미지를 확인할 수 있습니다.

미켈 에스코피에, 『Take away the A』

A부터 Z까지 알파벳 소리 하나가 단어에서 빠지면 어떻게 다른 단어가 되는지 보여주는 그림책이에요. 앞서 소개한 『Did you take the B from my _ook?』은 첫소리가 사라지지만, 이 책은 중간 소리들이 사라지는 예시도 나오기 때문에 조금 더 난이도가 높습니다.

예를 들면 이런 식이에요. 알파벳 A를 빼면 Beast는 Best가 되고, 알파벳 B를 빼면 Bride는 Ride가 되지요. C가 없으면 Chair는 Hair가 됩니다. 이렇게 Z까지 전개되고, Z가 없으면 우리는 ABC송을 부를 수 없다는 말로 끝이 납니다.

이 그림책을 읽을 때는 한 가지 주의할 점이 있어요. '알파벳 이름'과 '음소'를 혼동하면 안 된다는 겁니다. 시중에 나와 있는 파닉스 책 중 옛날 책들은 알파벳을 A부터 Z까지 나열하고, Aa, ant, alligator, apple 등의 단어를 보여주며 파닉스라고 말하는 엉터리 책들이 많습니다. 알파벳 A는 '에이'라고 읽지만, 단어 속에서 A를 읽을 때의 소릿값은 여러 개죠. 그런 점에서 본다면 『Take away the A』는 음소 인식을 키우기에 아주 좋은 내용이지만, 아이가 소릿값을 알파벳 이름으로 오해하지 않도록 주의해야 합니다.

피오나 우드콕, 『Look』

이 그림책은 이중모음 'OO'가 가운데 소리로 등장하는 단어들을 나열하고 있어요. 표지에서부터 책의 내용을 짐작할 수 있는 힌트가 있습니다. 제목 'Look'에도 OO가 들어 있고요, 작가의 이름인 'Woodcock'에서 OO에만 색칠이 되어 있지요.

책에 나오는 단어들은 Food, Boots, Zoom, Zoo, Kangaroo, Bamboo, Boogie, Cocoon, Baboon, Look, Balloons, Cool, Bloom, Achoo! Moon 등이에요. 이 단어들을 하나의 이야기에 묶어서 나열하고, 이중모음 OO는 소리가 같다는 것을 알려줍니다.

아이들은 단어를 배울 때 첫 소리, 끝소리, 가운뎃소리의 순서로 인지해요. 또 영어의 가운뎃소리를 차지하는 이중모음은 난이도가 가장 높습니다. 그중 가장 쉽고 단순한 이중모음 OO 하나만 이 책으로 익힌다고 생각하고 책을 읽어주세요. 이 그림책으로 아이가 단어의 가운뎃소리에도 주목할 수 있게 문을 열어주는 거예요.

피터 허먼, 매튜 코델, 『If the S in Moose Comes Loose』

미국 뉴욕에 위치한 뱅크스트리트교육대학은 교사를 양성하는 사범대로 명성이 높은데요. 바로 이 대학에서 '올해의 책'으로 선정한 책입니다.

암소Cow의 친구 순록Moose에게 's'와 'e'가 떨어져서 음메Moo~~만 남아버렸어요. 암소는 친구 순록을 되찾기 위해 s와 e를 붙일 수 있는 풀Glue을 찾아 나섭니다.

길을 걷다 보니 염소Goat가 수레에 글자 Goat를 싣고 지나가서 G를 달라고 부탁했지만, 염소는 거절합니다. 귀리Oat가 될 수는 없으니까요. 그래서 암소는 의자Chair에 앉아서 잠자는 곰Bear에게 다가가 몰래 B를 훔쳐와요. 다시 염소에게 간 암소는 B와 G를 바꾸자고 제안하고요. 염소가 흔쾌히 그러겠다고 하죠. 그리고 보트Boat로 변합니다. 이런 식으로 우여곡절을 겪으며 문자를 얻은 암소는 s와 e를 붙여 다시 친구 순록을 되찾게 됩니다.

상상으로 펼쳐지는 암소의 모험담이 너무 재미있죠? 이 그림책은 음소 인식 중에서도 고난이도인 음소 대체 인식을 일깨워줍니다. 하나의 음소를 다른 음소로 바꿔 다른 단어로 만든다는 것을 알려주는 것이죠. 난이도가 다소 높기 때문에 파닉스를 얼추 뗀 아이들이 파닉스 개념을 정리하면서 보기에 좋습니다.

존 버거맨, 『Rhyme Crime』

이 책에서는 라임 도둑이 등장합니다. 그래서 해미가 쓰고 다니는 hat을 운이 맞는 cat으로 바꿔치기 해버리고, 검팝의 head는 bread로 바꿔치기 해버려요. 이렇게 연달아서 라임 바꿔치기 범죄를 저지르며 난리통을 만들다가 감옥에 갇히는 데도 라임 바꿔치기를 통해 탈옥도 해버리지요. 이 책도 파닉스를 어느 정도 뗀 어린이들에게 권해요. 아는 단어들이 상당 부분 있어야 재미를 느끼고 따라오면서 약간의 새로운 단어를 부담 없이 배우는 법이니까요.

파닉스를 배우면, 아이는 이제 영어를 읽을 수 있게 됩니다. 영어를 읽기 시작하면, 영어가 열어주는 수많은 문을 지나 더 넓은 세계로 건너갈 수 있어요. 우리 아이가 경험할 세상이 얼마나 다채로울지 기대가 되나요? 이제 진짜 시작입니다.

영어를 종이책으로 배워야 하는 결정적 이유

"한글 발음 적어놓지 마라"
30년차 영어 강사의 경고

아이가 파닉스를 얼추 뗐다면, 본격적으로 영어 그림책을 읽기 시작할 때입니다. 이 시기에 읽기 적합한 책은 '얼리 리더스early readers'라고 합니다. 아이의 인지와 언어 발달 단계에 맞춰 아주 쉽게 쓴 입문용 영어 그림책이죠. 국내에서도 유명한 '옥스포드 리딩 트리Oxford reading tree', '아이 캔 리드I can read', '스텝 인투 리딩Step into Reading' 시리즈가 대표적입니다.

그런데 반드시 이 시리즈를 읽어야 하는 것은 아니에요. 글의 의미를 설명하는 이미지가 풍부하다면 어떤 그림책이든 좋습니다. 어떤 책으로 읽기를 시작하든 아이가 소리내어 문장을 읽는 경험이 중요해요.

진정한 읽기 독립은 줄글을 소리 없이 읽는 묵독 단계에 접어들어야 시작되는데요. 파닉스를 뗐다고 저절로 묵독을 할 수 있는 건 아니에요. 그 전에 상당 기간 소리내어 책을 읽어야 합니다.

소리내어 읽기, 이렇게 연습하세요

읽기 수준에 따라 소리내어 읽는 방법을 2단계로 나누어 구성해 봤습니다. 파닉스를 갓 뗐다면 1단계부터 따라해 보세요.

1단계: 영어의 느낌을 살려서 읽는 연습

글자를 갓 배운 아이는 손가락으로 단어를 하나하나 짚으며 글을 읽습니다. 귀로 들리는 글자의 '소리'와 눈으로 보이는 '문자'를 매칭하면서 머릿속에 읽기 회로를 만드는 과정이죠. 종이책이 중요한 건 그래서입니다. 영상의 자막은 손으로 짚을 수가 없기 때문에 읽기 능력을 발달시키기가 어렵습니다.

이렇게 더듬더듬 한 단어씩 글자의 소리와 의미를 연결해 뇌에서 읽기를 자동화하는 시기에 강세stress와 높낮이pitch를 살려 읽는 연습을 하면 영어 읽기 발달에 큰 도움이 됩니다.

첫걸음은 문장 부호의 느낌을 살려서 읽는 거예요. 먼저 아이가 술술 잘 읽을 수 있는 알파벳과 숫자를 이용해

물음표, 느낌표, 마침표의 느낌을 살려서 읽기 연습을 해보죠. 다음 이미지를 보며 문장 부호에 따라 각각 질문하고, 강조하고, 끝난 듯한 뉘앙스를 살려서 읽어보세요.

소리내서 읽어보세요!

READ ALOUD 1

ABCD? EFG!　　　1234! 5678?
HIJK! LMN.　　　5432. 3291!
OPQR! STU?　　　7722? 1982.
VW. XYZ!　　　　8341! 3201

다음으로는 '주어+동사'로 이루어진 아주 쉬운 문장을 물음표, 느낌표, 마침표의 느낌을 살려서 읽어봅니다. 이렇게요.

READ ALOUD 2

Cats meow.　　　Cars honk.
Cats meow?　　　Cars honk?
Cats meow!　　　Cars honk!

마지막으로 각 단어마다 강세를 주어 읽는 연습을 합니다. 이 과정에서 아이는 어떤 단어를 강조해 읽느냐에 따라 문장의 의미가 달라질 수 있다는 것을 배울 수 있어요. 다음 이미지에서 빨간 글씨로 쓰인 단어를 강하게 올려 읽어보세요.

READ ALOUD 3

I love apples.
I love apples.
I love apples.

Lucy is my friend.
Lucy is my friend.
Lucy is my friend.
Lucy is my friend.

이때 강세를 주어 읽는 단어의 의미를 몸으로 함께 표현하면 더 좋습니다. 예를 들어 'I love apples'에서 I를 강조할 때는 손으로 자신을 가리키거나 어깨를 감싸 안고 두드리는 거예요.

Love를 강조할 때는 손으로 하트를 그리며 좋아한다는 느낌을 듬뿍 담아 읽고, 'apples'를 강조할 때는 사과 그림을 가리키며 단어의 의미를 몸짓으로 전달합니다.

'Lucy is my friend'를 읽을 때도 마찬가지예요. 'Lucy'를 강조할 땐 만화 〈스누피〉의 여자 주인공 루시의 이미지를 가리키며 읽어보는 거죠. 아이가 좋아하는 인형의 이름을 Lucy라고 지어줘도 좋습니다. 'Is'의 의미는 몸짓으로 표현하기가 다소 어려운데요. 아직 과거형^{Was}의 개념을 모르는 아이라면 소리내어 읽는 것만으로 충분해요. 'my'를 강조할 때는 자신을 가리키고, 'friend'를 강조할 때는 양육자 또는 인형과 손을 잡고요.

2단계: 덩어리째 끊어 읽는 연습

이번에는 영어 문장을 덩어리로 끊어 읽는 연습을 해볼 거예요. 글밥이 적은 그림책은 손가락으로 단어를 하나하나 짚으며 읽을 수 있지만, 글밥이 많은 그림책은 그렇게 읽기 힘들죠. 의미 덩어리로 끊어 읽는 연습이 필요합니다.

우리 뇌의 읽기 기제가 덩어리로 정보를 인식합니다. 문장을 읽을 때 'Once upon a time'을 덩어리로 처리하는 것이 단어를 하나씩 처리하는 것보다 훨씬 더 효율적이죠. 한 번에 처리할 수 있는 의미 덩어리를 많이 알수록 더 빨리 더 잘 읽을 수 있게 됩니다. 그래서 읽기를 배우는 아이에게 '의미로 덩어리로 끊어 읽기' 연습이 중요한 것입니다.

덩어리째 끊어읽기를 연습할 때는 에드워드 프라이^{Edward Fry} 박사가 만든 '자주 쓰이는 영어 구 리스트^{Fry's instant phrase list}'를 활용하세요. 원어민이 자주 쓰는 600개의 구^{Pharse}가 1세트당 100개씩 정리되어 있습니다. 예를 들면 'You and I', 'A long time', 'Look up' 같은 것들이에요. 유튜브에서 'Fry's instant phrase list'를 검색

영어 구 리스트
다운로드

해 세트별로 구를 따라 읽는 영상을 참고해도 좋습니다.

영어 구 리스트
유튜브

그런데 그냥 따라 읽으라고 하면 재미없겠죠. 이 구절들을 활용해 할 수 있는 게임을 알려드릴게요. 게임판 안에 구절을 써넣고, 주사위를 던져 나온 숫자의 칸에서 마음에 드는 구절을 찾아 읽고 지워 보세요. 아이가 둘 이상이면, 아이 A는 주사위 숫자가 1과 3이 나올 때 어구를 하나씩 읽고 지우고, 아이 B는 2와 4가 나오면 어구를 하나씩 읽고 지우는 식으로 게임 룰을 만들면 더 재미있습니다.

영어의 의미 덩어리를 찾는 데 익숙해졌다면, '스쿠핑scooping'으로 긴 문장을 끊어 읽어 볼까요? 아이스크림을 둥글게 푸는 도구를 '스쿱scoop'이라고 하는데요. 마치 스쿱처럼 덩어리 구절끼리 한 번에 읽는 활동을 스쿠핑이라고 합니다. 이렇게요.

소리내어 끊어읽기 연습 1

Scoop up words in phrases.

The children in swimsuit

jumped into the pool all together.

본격적인 스쿠핑 연습은 종이 카드를 만들어서 진행합니다. '자주 쓰이는 영어 구 리스트'에 나오는 구절을 활용해 단문을 만든 뒤 카드에 적고 소리내어 읽는 연습을 하는 거예요.

1. AI 챗봇인 챗GPT에게 이 구절을 이용해 짧은 문장을 만들어 달라고 하면 좋은 문장을 쉽게 얻을 수 있습니다.
2. 끊어 읽기 연습용 카드에는 다음 이미지처럼 똑같은 문장을 3개씩 적으세요.
3. 카드를 보고 첫 번째 문장은 한 단어씩 손으로 짚어가며 읽습니다.
4. 두 번째 문장은 스쿠핑을 하며 읽어보세요.

```
1. He will eat a cake by himself.

2. He will eat a cake by himself.

3. He will eat a cake by himself.
```

5. 마지막으로 감정을 살려서 실제로 말하듯이 한 번 더 읽으면 됩니다.

이러한 카드를 문장별로 만들어 넘기며 하루에 10~20개씩 끊어 읽는 연습을 하면 읽기 능력을 탁월하게 발전시킬 수 있어요.

그림책, 이렇게 읽어보세요

한국어를 잘하려면 독서를 많이 해야 하듯 영어도 마찬가집니다. 유창하게 읽으려면 결국 책을 읽어야 합니다. 매일 아이와 함께 그림책 읽는 시간을 꼭 가져야 하는 이유입니다.

아이의 읽기 능력을 크게 향상시키고 싶다면 '짝읽기 paired reading'를 추천합니다. 아이와 양육자가 함께 그림책을 소리내어 읽는 활동이죠.

짝읽기는 최소 일주일에 5회, 한 번에 10~20분씩 6주 연속으로 해야 유의미한 변화가 보입니다. 1시간씩 주 2회 짝읽기를 하는 것보다 매일 15분씩 매일 하는 것이 훨씬 더 효과적이에요. 아이들은 집중력이 짧으니까요.

그림책 짝읽기 순서

1. 아이가 직접 읽고 싶은 그림책을 고릅니다.

2. 편안한 장소에 아이와 함께 나란히 앉아 그림책을 펼칩니다.

3. 만약 그림책의 지문이 전에 읽은 책과 이어진다면, 짝읽기를 시작하기 전

에 이전에 읽은 책의 내용을 간단하게 복기합니다.

4. 아이와 함께 읽기를 시작합니다. 읽는 속도는 아이에 맞춰 주세요. 아이가 평소에 읽는 속도보다 약간 빠른 것이 좋아요. 분명하고 감정이 실린 목소리로 읽습니다.

5. 아이가 현재 읽고 있는 지문을 손가락으로 짚으며 따라오게 합니다.

6. 아이가 읽다가 실수를 하거나 어느 단어에서 멈칫할 때는 기다려 주세요. 그리고 아이가 스스로 잘못 읽은 것을 교정하는지 봅니다. 만약 아이 혼자서 교정을 하지 못하면, 그때 부모가 단어를 먼저 읽고 따라 읽게 합니다. 책을 다 읽고 나서는 실수했던 단어만 모아 다시 한 번 같이 읽고 이야기를 나눕니다.

7. 아이가 혼자 책을 읽고 싶을 때 부모에게 보내는 신호를 보내게 하세요. 이를테면 손가락으로 책을 톡톡 두드리면 혼자 읽을 기회를 준다고 약속하는 식으로요. 아이가 신호를 보내면, 부모는 읽기를 멈추거나 아이가 읽는 부분을 작은 속삭임으로 따라 읽습니다.

아이와 그림책을 읽을 때는 단어 하나하나에 집착하지 마세요. 한글로 된 책도 모든 단어의 뜻을 정확히 알고 읽는 게 아니잖아요. 똑같은 그림책을 여러 번 반복해서 읽다 보면 자연스레 의미를 깨우칠 수 있어요. 물론 아이가 단어의 뜻이 무엇인지 물어볼 때는 한국어로 의미를 알려주세요. 선생님과 아이의 짝읽기 paired reading입니다. 다음 QR코드를 참고하세요.

선생님과 아이의 짝읽기

엄마와 아이의 짝읽기paired reading입니다. 다음 QR코드를 참고하세요. 한 번은 같이 읽고, 다음에 읽을 때에는 아이가 자신 있는 부분에서 손가락으로 페이지를 톡톡 두드려서tapping 알리고 혼자 읽기 시작해요. (이 신호는 미리 서로 약속을 합니다.) 이때 엄마는 기다려주다가 아이가 힘들어 할 때 간섭을 해요.

엄마와 아이의 짝읽기

짝읽기paired reading를 영어 그림책 지도사 과정의 프랙티컴으로 10기를 진행하면서 수많은 동영상을 보았는데요. 그중 가장 잘한 동영상은 여기 있습니다(QR코드 참고). 영어 선생님이자 엄마인 엠버 김정미 님이 아이와 함께 읽고 있는데, 엄마가 밀어주고 당겨주는 테크닉이 기가 막힙니다. 단순히 머리로 알고 할 수 있는 읽기가 아니에요. 다년간 아이들을 가르치며 습득한 기술입니다.

짝읽기 좋은 예시

간혹 영어 지문 아래에 한국어 발음을 적어두는 아이들이 있는데요. 이것만은 절대 하면 안 됩니다. 소리내어 읽는 연습은 영어의 소리와 문자를 연결해서 머릿속에 '읽기 스키마'를 만드는 과정이에요. 한글로 쓰인 발음을 보고 읽으면 한국어 읽기가 될 뿐이에요.

짝읽기를 마친 후 기록을 하면 책 읽는 습관을 들이는 데 도움이 됩니다. 날마다 성장한 흔적이 보이기 때문에 동기부여가 되거든요. 기록하는 법은 간단해요. 수첩에 다음과 같은 칸을 나누어 책을 읽는 데 소요된 시간, 같이 읽는 사람, 책 제목, 읽은 페이지, 부모의 코멘트를 적습니다.

Paired Reading Record Sheet

Name: Date   week

Day	Time Taken	Partner	Book Title	Page	Comments
Monday	/				
Tuesday	/				
Wednesday	/				
Thursday	/				
Friday	/				
Saturday	/				
Sunday	/				

짝읽기 기록에서 가장 중요한 것은 부모의 코멘트예요. 반드시 칭찬하세요. 아이 영어 공부는 반드시 성공하는 체험이어야 해요. 작은 성공을 쌓아 올라가는 뿌듯함을 매일 느낄 수 있게요. 영어뿐 아니라 무엇을 하든 이 체험이 아이를 키우는 든든한 발판이 되어줄 겁니다.

읽기 실력을 키우는 그림책

제프 맥, 『GOOD NEWS BAD NEWS』

이 그림책에 나오는 문장은 'GOOD NEWS'와 'BAD NEWS'뿐이에요. 대신 그림이 좋은 상황과 나쁜 상황을 설명해주지요. 예를 들면 토끼가 소풍 도시락을 싸왔는데 GOOD NEWS 갑자기 비가 오는 상황 BAD NEWS을 그림으로 보여줍니다. 글은 단순하지만, 그림 속 상황을 보고 감정을 듬뿍 살려 읽기 좋아요. GOOD NEWS는 밝고 기쁜 목소리로, BAD NEWS는 우울하고 슬픈 목소리로 읽어보세요. 이야기 중간에서 번개 치는 장면이 나오는데요. 이때 의성어 'Kaboom!' 정도를 곁들여 읽어주면 좋습니다. 천둥 치다가 번개가 번쩍하고 비추는데요. 'Rumble, rumble' 하다가 'Kaboom!' 하고 표현하면 됩니다.

읽기가 끝나면 GOOD NEWS와 BAD NEWS를 쓴 카드를 준비해서 놀이로 응용해 보세요. 좋은 상황을 말할 땐 GOOD NEWS 카드를 붙이고, 나쁜 상황을 말할 땐 BAD NEWS 카드를 붙여보는 거죠. 아이가 처한 상황에 따라 카드를 활용하면 재미있습니다.

에밀리 그라벳, 『Monkey and Me』

손가락으로 한 단어씩 짚으며 읽기 좋은 그림책이에요. 단어 수가 적고, 같은 형식의 문장이 반복되거든요. 이 그림책에는

'Monkey and Me'라는 구문이 계속 등장하기 때문에 문자를 그림처럼 식별하는 파닉스 초기 단계의 아이들도 충분히 잘 읽을 수 있을 거예요. 이 그림책은 숫자를 영어로 익히는 데도 도움이 됩니다. 여러 동물이 등장하거든요. 동물 그림을 보고 한 마리씩 짚으면서 수를 세어보면 좋습니다. 물론 내용도 아주 재미있는 책입니다.

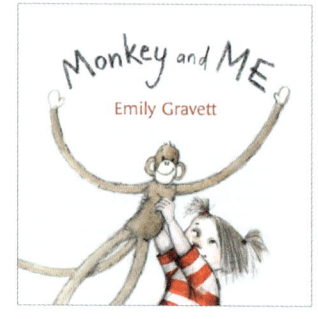

크리스 호튼, 『Shh! We Have a Plan』

단어 수는 적지만, 재미있게 읽을 수 있는 그림책이에요. 'We have a plan'과 'Ready one, ready two, ready three'라는 문장이 반복되어 아이가 쉽게 읽을 수 있습니다. 유튜브에는 원어민 어린이가 이 책을 읽는 영상이 올라와 있는데요. 꼭 한번 들어보세요. 어떻게 감정을 살려서 읽어야 할지 힌트를 얻을 수 있습니다. 아이가 이 책을 좋아한다면, 같은 작가의 그림책 『A Little Lost』도 읽어주세요. 둥지에서 떨어진 새가 엄마를 찾아서 돌아다니는 내용으로, 적은 단어가 반복되는 데다 재미있는 줄거리가 그림으로 잘 표현되어 있습니다.

에릭 리트윈, 『Pete the Cat: I Love My White Shoes』

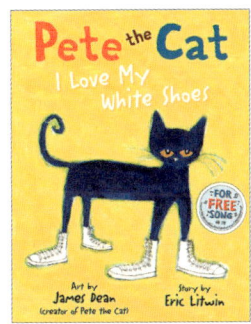

부모와 짝읽기를 할 때 활용하기 좋은 그림책이에요. 고양이가 신고 나간 흰 신발이 여러 가지 색깔로 물드는 내용이에요. 유튜브에서 책 제목을 검색하면 음원을 들을 수 있는데요. 노래를 부르며 책을 따라 읽어도 좋습니다. 신발에 물든 색깔의 이름만 바뀔 뿐, 같은 구조의 문장이 반복되기 때문에 영어 읽기에 익숙하지 않은 아이도 자신감을 가지고 읽을 수 있어요. 이 동영상의 독후 활동 동영상 QR코드는 165페이지에 있습니다.

마이클 로젠, 『We're Going on a Bear Hunt』

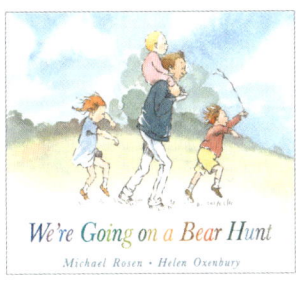

이 그림책도 짝읽기를 하기에 좋습니다. 특히 'Splash(첨벙첨벙)' 'Squelch(질퍽질퍽)' 등의 의성어가 많이 나와서 즐겁게 읽을 수 있어요. 한국 아이들은 모국어를 배울 때 의성어, 의태어를 가장 먼저 익힙니다. 의성어가 나올 때 손동작을 하면서 느낌을 살려 읽으면 더 효과적입니다. 이 그림책의 주인공은 한 가족인데요. 표지를 얼핏 보면 엄마, 아빠와 두 아이가 등장하는 것 같지만, 사실은 모두 아이예요. 형과

누나, 어린 동생들이 모여 용감하게 곰 사냥을 떠나는 이야기죠. 책을 읽기 전, 아이들의 모험 이야기라는 설명을 해주면, 아이가 그림책을 더 재미있게 느낄 거예요.

매일 함께 그림책을 읽는 시간은 아이와 돈독한 유대를 쌓는 좋은 기회입니다. 아이는 이 시간을 통해 읽기를 좋아하게 되고, 지루하고 어려운 일도 능히 해내는 힘을 기를 수 있죠. 이렇게 매일 작은 정성을 쌓으면 아이를 더 넓은 세상으로 밀어보낼 수 있을 테고요.

영어 동시와 영어 그림책

운율감이 뛰어난 그림책은 모두 영어 동시 구조예요

영어 동시의 기본 구조를 알면 리듬감이 뛰어난, 즉 소리내어 읽기에 좋은 영어 그림책을 고르기가 쉬워집니다. 영어 동시는 대개 quatrain 구조예요. 시의 한 연을 stanza라고 하는데, 한 연이 4줄로 된 경우 quatrain이라고 합니다. 소리내어 읽기에 좋은 그림책 중 하나가 바로 자일스 안드레아가 지은 『Giraffes Can't Dance』예요.

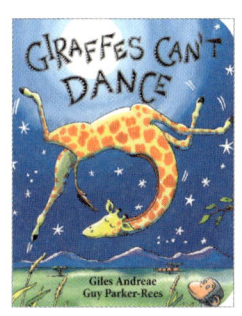

『Giraffes Can't Dance』를 자세히 보면 본문 구성이 4줄씩 되어 있어요. quatrain 구조를 하고 있어서 그래요. 이 책의 한 페이지를 보면 글밥이 4줄씩 quatrain 구조이고, abcb로 운을 맞추고 있는 게 보이실 거예요.

유명한 마더구스 중 하나인 Humpty Dumpty도 quatrain 구조입니다.

Humpty Dumpty sat on a wall,
Humpty Dumpty had a great fall;
All the king's horses and all the king's men
Couldn't put Humpty together again.

각 줄의 마지막 단어를 보시면, wall/fall 라임이 맞고, men/again 라임이 맞는 게 보이실 거예요. 운을 맞추고 있는데, aabb의 형태로 운을 맞추었고 이런 구조를 압운 구조rhyme scheme라고 불러요. rhyme scheme에는 abab도 있고, abcb도 있는데, 동시에는 주로 aabb와 abab를 사용합니다.

이 구조가 잘 나타나 있는 그림책은 에드워드 리어Edward Lear가 쓰고 젠 브렛이 그림을 그린 『The Owl and the Pusscycat』이 있어요. 에드워드 리어가 쓴 많은 동시들이 널리 읽히고 암송되면서 너서리 라임으로 많이 오해를 해요. 물론 퍼

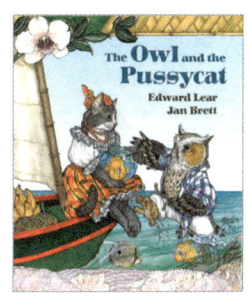

블릭 도메인이라 리어가 쓴 시들은 자유롭게 쓰고 실을 수 있습니다. 글 저작권이 풀려서 이 시를 그림책으로 그린 버전은 많아요. 하지만 젠 브렛이 그린 작품이 가장 유명합니다.

동시의 정수를 맛보고 싶다면, 로버트 루이스 스티븐슨의 『A Garden of Verse』도 추천합니다. 로버트 루이스 스티븐슨은 『보물섬』과 『지킬박사와 하이드 씨』를 쓴 작가예요. 하지만 자신의 자녀들을 위한 굉장히 많은 동시들을 지었고, 그 시들을 묶은 이 시집은 지금도 많이 팔리며 사랑받고 있습니다.

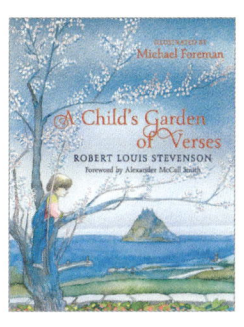

현대 시인으로는 셸 실버스타인Shel Silverstein의 『A Light in the Attic』 등의 시집이 유명하고, 좀 더 최근으로 오면 잭 프리루츠키Jack Prelutsky의 『Be Glad Your

129

Nose Is on Your Face』가 좋습니다.『아
낌없이 주는 나무』로 유명한 실버스타인
의 이 동시집은 어린이의 심리를 아주 잘
보여줍니다. 다음날 아침에 일어나지 못
하면 자기 장난감을 다 부수어 달라고 말
하는 어린이의 기도는 죽음과 잠을 혼동
하는 어린이의 심리를 아주 잘 보여주고 있어요.

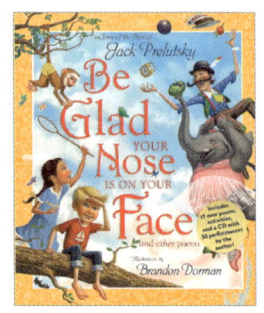

잭 프리루츠키의 시들은 너무너무 재미있습니다. '코가 얼굴에 있다는 걸 기뻐해'와 같은 시는 코가 발가락 사이에 있다면, 코가 머리털 사이에 있다면… 등의 상상의 날개를 펼치며 얼굴에 코가 있는 걸 감사하라는 내용인데, 아이들이 읽으면서 키득키득 웃게 될 거예요.

영어 동시의 구조를 살려 읽기에 너무 좋은 그림책은 사실 Rhyming이 뛰어난 그림책들과 상통해요. 그중에서 가장 쉽게 아이와 읽을 수 있는 책은 단연코 안나 듀드니^{Anna Dewdney}의『Llama Llama Red Pajama』를 꼽을 수 있어요.

안나 듀드니,『Llama Llama Red Pajama』

"llama llama/ red pajama/ reads a story/ with his mama."처럼 아주 간단한 quatrain 구조에 pajama/mama의 운이 맞을 뿐 아니라 한 줄에 두 박자씩 음보^{foot}도 아주 단순하지만 딱딱 들어맞거든요. 한 줄

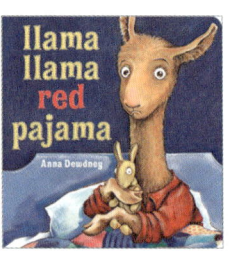

을 읽는 데 몇 번의 강세가 있는가 혹은 걸으면서 몇 번의 발걸음에 맞추어 읽으면 딱 맞는지를 따지는 게 바로 음보예요.

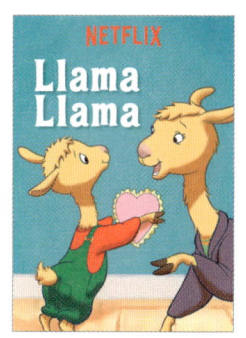

 아주 단순한 음보도 딱 떨어져서 소리 내어 걸으면서 읽기에 아주 좋은 책입니다. 이 라마 시리즈는 인기가 많아서 후속권이 나오면서 시리즈가 되었어요. 총 7권이랍니다. 『Llama Llama and the Bully Goat』, 『Llama Llama Holiday Drama』, 『Llama Llama Time to Share』, 『Llama Llama Home with Mama』, 『Llama Llama Mad at Mama』, 『Llama Llama Misses Mama』, 『Llama Llama back to School』, 『Llama Llama loves to Read』 등이 있어요. 심지어 넷플릭스 애니메이션으로도 만들어져 있어요.

〈라마라마〉 넷플릭스

테드 아놀드, 『Parts』

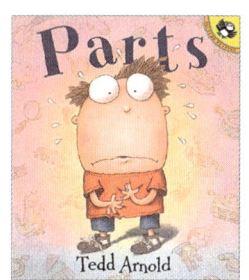
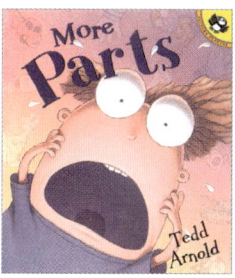

『플라이 가이』 시리즈로 유명한 테드 아놀드가 쓴 『Parts』 『More Parts』『Even More Parts』도 quatrain 구조에 운이 딱딱 맞는 거 아시나요?

제니퍼 하니, 『Underwear!』

이 책의 글밥도 또 운이 딱딱 맞으면서 얼마나 재미있게요! Bare bear, stop right there! You should be wearing underwear!라고 시작하는 이 책은 '-에어' 발음을 가지고 얼마나 재미있게 노는  지 몰라요. 이렇게 운을 맞추는 즐거움을 아이들이 알았으면 좋겠어요.

줄리아 도날드슨, 『The Gruffalo』

한 소녀가 무서운 호랑이를 속여 넘기는 중국 이야기를 모티브로 삼아 쥐와 여우와 올빼미와 뱀이 나오는 이야기로 바꾼 『The Gruffalo』는 으르렁~ 할 때의 Gr에 "Didn't you know"의 know와 운을 맞추기 위해 -ffalo를 붙여 Gruffallo가 되었 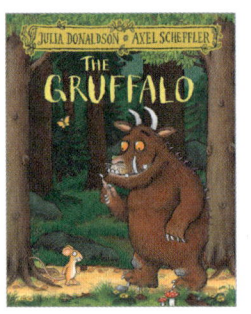 다는 비하인드 스토리가 아주 재미있고 운율감이 뛰어난 그림책이에요. 인기에 힘입어 후속편 『The Gruffalo's Child』도 나왔어요.

2026년에 근 20여 년 만에 또 다른 후속편이 나온답니다.

레이첼 라이트, 『The Lion Inside』

quatrain 구조에 운까지 딱딱 맞는데다 그 표현이 문학적이기까지 하고, 내용도 감동적인 그림책입니다. 작고 소심한 쥐 한 마리가 저기 절벽 위에서 용맹하게 군림하는 사자가 너무너무 부러워서 그 사자를 보러 절벽을 기어올라가는 이야기예요.

"In a dry dusty place where the sand sparkled gold,
stood a mighty flat rock, all craggy and old.
And under that rock in a tinyful house,
lived the littlest, quietest, meekest brown mouse."

gold와 old, house와 mouse가 운이 맞아서 aabb라는 rhyme scheme을 이루는 거 보이시지요?

"모래가 금빛으로 반짝이는 메마르고 먼지투성이인 곳에 울퉁불퉁하고 오래 된 거대한 납작 바위가 서 있었어요. 그리고 그 바위 아래 자그마한 집에 가장 작고, 가장 조용하고 가장 유순한 갈색 쥐 한 마리가 살았답니다."

이런 글들이 이어진답니다. 그리고 아무리 작은 쥐라도 그 안에 사자와 같은 정신을 품을 수 있다는 감동적인 결말도 기대할 수 있습니다.

마이클 로젠, 『Honey for You, and Honey for Me』

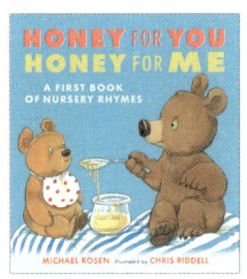

'Boing boing', 'Bounce bounce!' 같은 의성어가 가득 나오는 책이에요. 모두 B로 시작하는 단어를 반복하고 있어 아이들이 귀를 쫑긋 열게 만들어줄 뿐 아니라 리듬감에 맞춰 라임이 이어집니다. 글을 쓴 마이클 로젠Michael Rosen은 『곰사냥을 떠나자We're Going on a Bear Hunt』로 유명한 영국의 계관 작가이고, 그림을 그린 크리스 리델Chris Riddell은 케이트 그린어웨이 상을 세 번 수상한 유일한 그림작가이기도 해요.

수잔 블룸, 『The Bus for Us』

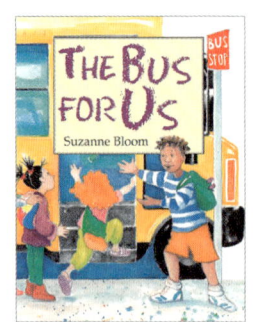

수잔 블룸Susan Bloom이 글을 쓰고 그림을 그린 이 책은 간단하고 쉬운 라임이 반복되는 게 특징입니다. 친구 사이인 '거스Gus'와 '테스Tess'가 스쿨버스를 기다리는 내용입니다. 페이지마다 "Is this the bus for us, Gus?(거스, 이게 우리를 위한 버스야?)"라는 질문이 반복되면서 여러 가지 종류의 차들이 등장합니다. 아마 차를 좋아하는 아이라면 정말 재미있어 할 거예요. 거스의 마지막 대답이 "Yes, Tess!"인데요. 라임이 딱 떨어져서 아주 재미있습니다. 아침 등원길 아이와 셔틀버스를 기다리면서 이 책의 문장들을 말해봐도 좋습니다.

카렌 버몬트, 『Pretty Kitty』

동물, 특히 고양이를 좋아하는 아이라면 이 책을 추천합니다.

Another stray

Comes to play.

Sorry, kitty, not today. Go away!

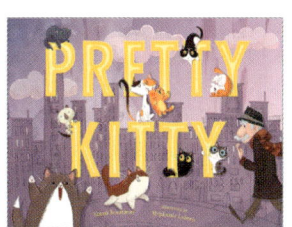

책 속 문장이 모두 라임을 맞추고 있어 음운 인식 중 라임 인식을 키우는 데 효과적이에요. 단, 앞서 소개한 책들보다 문장의 난도가 있는 편이라 영어를 갓 시작한 아이는 어렵게 느낄 수 있습니다.

아론 블라비, 『Piranhas Don't Eat Bananas』

피라나와 바나나가 운이 맞는 데에 착안한 이 그림책은 무시무시한 피라나 중에서도 채식주의 피라나가 등장해 친구들에게 바나나 같은 과일 혹은 채소가 맛있다고 말하는 내용이에요. 아주 재미있습니다.

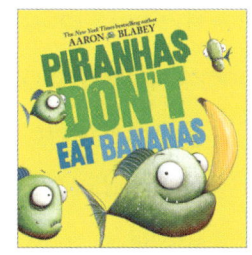

케스 그레이와 짐 필드, 『Oi Frog!』

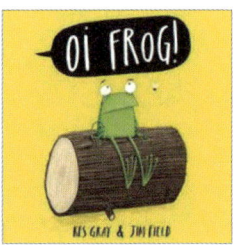

동물별로 어디에 앉아야 하는지 고양이가 꼰대질을 하며 개구리에게 알려주는 내용을 담고 있어요. Cat은 Mat에 앉아야 하고, Frog은 log에 앉아야 한다는 둥… 죽 운을 맞추며 이어집니다. Dog은 어디에 앉냐고 물어보는 건 위험해요. 쉿!

이 시리즈는 작가의 넘치는 재기로 시리즈로 이어집니다. 『Oi Dog!』『Oi Goat!』『Oi Cat!』『Oi Puppies』『Oi Duck-billed Platypus!』『Oi Aardvark!』『Quack Quack Quentin』 외에 스티커북과 활동북들이 있어요.

쉬나 노울즈, 『Edward the Emu』

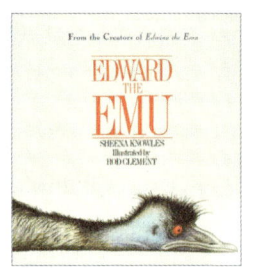

이 그림책도 quatrain 구조에 운을 잘 맞추고 있어요. aabb라는 rhyme scheme을 따르고 있어요.

The next morning at nine when they eopened the **zoo**,
    The seals were swimmingm and Edward was **too**.
    He dived in the water and basked in the **sun**,
    Ans he balanced a ball on his beak just for **fun**.

이 책은 동물원에 자주 가보고 동물들이 동물원에서 무엇을 하는지 사전 지식이 있는 어린이들이 보면 좋겠어요. 문장이 좀 길기 때문에 어느 정도 파닉스를 배운 아이가 보면 듬뿍 즐길 수 있답니다. 이 책에는 전작 『Edwina the Emu』도 있으니 함께 즐기면 좋습니다.

진 바레타, 『Dear Deer』

동음이의어homophones를 연달아 보여주는 이 책은 최소한 파닉스를 다 끝내고 더듬더듬 소리내어 읽기 단계에 들어간 학습자들이 보는 게 좋습니다. 기존 어휘 학습량이 어느 정도 확보된 후에 이를 다시 묶어 분류하며 확인하는 작업이라서요. 또한 소리내어 읽기에 좋기 때문에 아이와 함께 읽어보시기를 권해요.

셰리 더스키 린커, 『Goodnight, Goodnight, Construction Site』

셰리 더스키 링커Sherri Duskey Rinker가 쓰고, 톰 리히텐헬트Tom Lichtenheld가 그림을 그린 이 그림책은 차와 중장비를 좋아하는 아이에게 딱 좋은 그림책이에요. 건설현장에서 하루 종일 열심히 일한 크레인

트럭, 시멘트 믹서, 덤프트럭, 불도저, 굴착기 등 다양한 중장비 차량들이 하루 일을 마무리하고 하나씩 차례로 잠자리에 드는 이야기를 담고 있거든요. 더구나 운율감은 또 어찌나 뛰어난지요.

> Down in the big construction site,
> the tough trucks work with all their might
> to build a building, make a road,
> to get the job done—load by load!
> The sun has set; the work is done.
> It's time for trucks to end their fun."

각 줄 맨 끝의 운이 aabbcc 형식으로 맞는 거 보이시나요?

이 책도 여러 권 시리즈를 이루고 있는데, 그중에서도 『Mighty, Mighty Construction Site』와 『Construction Site Mission: Demolition!』이 특히 운율감이 뛰어나답니다.

아이와 함께 세상을 읽는 콘셉트 북

세상에 대한 지식 world knowledge 을 쌓아요

그림책이 소중한 것은 온 가족이 함께 읽을 수 있기 때문입니다. 영어를 잘 아는 부모도, 영어를 전혀 모르는 부모도 그림책으로 같은 이야기를 공유할 수 있지요. 그림책으로 아이에게 영어를 가르칠 때는 글밥이 적은 것부터 시작해서 점차 문장이 늘어나는 것으로 옮겨가는 게 좋아요. 이제 막 영어를 시작하는 어린이라면 '콘셉트 북 concept book'으로 그림책 읽기를 시작해보세요. 지금까지는 아이의 음운 발달에 기준을 두고, 각 발달 단계에 도움이 되는 그림책을 소개했는데요. 그림책이 언어 발달에만 영향을 미치는 것은 아니잖아요.

아직 문자를 배우지 않은 영유아를 위한 그림책인 콘셉트 북은 세상에 대한 기본 개념을 가르쳐주고 긍정적인 정서를 길러줍니다.

아이와 함께 콘셉트 북을 읽으며 영어로 세상을 감지하는 법을 알려주세요. 여기서는 온 가족이 함께 콘셉트 북을 읽는 방법과 영어를 막 시작한 아이들을 위한 콘셉트 북을 소개할게요.

영어 그림책 읽기, 콘셉트 북으로 시작하세요

콘셉트 북은 글자를 읽지 못하는 영유아가 주로 보는 책이에요. 그래서 글보다 그림의 비중이 큽니다. 읽기 초심자인 아이들도 부담 없이 읽을 수 있죠. 알파벳·색깔·숫자·모양 같은 특정한 주제를 가지고 있어서 일상에서 자주 쓰는 단어를 익히는 데도 좋습니다. 같은 구조의 문장과 단어가 반복해서 등장하기 때문에 영어를 잘 모르는 아이들도 쉽게 따라 읽을 수 있고요.

아이들은 이미 알고 있는 지식을 디딤돌 삼아서 새로운 걸 경험해야 더 잘 배웁니다. 영어도 마찬가지죠. 한국어로 깨달은 지식과 단어를 영어로 접하면 더 쉽게 배울 수 있습니다. 콘셉트 북으로 영어 읽기를 시작해야 하는 건 그래서예요. 아이가 충분히 알고 있는 개념들이 영어로 쓰여 있기 때문입니다.

아이와 함께 콘셉트 북을 소리내어 읽어보세요. 아이들이 자신의 목소리와 양육자의 목소리를 들으며 영어로 말하고 듣는 법을 배울 수 있거든요. 소리내어 말해본 경험이 많을수록 자기 의견을 표현하는 데 자신감이 생깁니다. 온 가족이 함께 콘셉트 북을 재미있게 읽는 두 가지 방법을 알려드릴게요.

번갈아 읽기

첫 번째 방법은 번갈아 읽기입니다. 그림책 『EACH PEACH PEAR PLUM』을 예로 들어 볼까요. 이 책은 앞 페이지에 쓰인 문장의 맨 마지막 단어가 그다음 페이지의 첫 번째 단어로 등장하는 구조를 가지고 있어서 '돌림 읽기 Round Robin Reading'를 하기에 아주 좋아요. 이를테면 이런 식이죠.

Tom Thumb in the cupboard, I spy Mother Hubbard.
Mother Hubbard down the cellar, I spy Cinderella.

이걸 게임으로 응용하면 더 재미있어요.

1. 먼저 하드스틱에 아이와 엄마 아빠 등 게임 참여자를 묘사하는 형용사를 씁니다. 'strong', 'cute', 'pretty' 같은 단어를 쓰는 거죠.

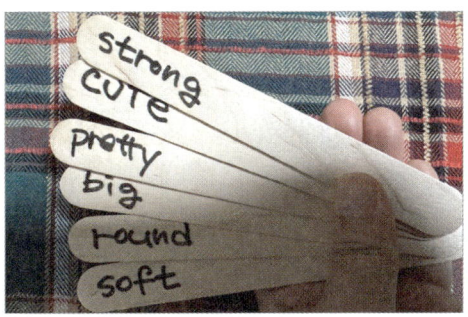

2. 그리고 스틱을 병에 꽂습니다.

3. 아이와 엄마 아빠 등이 순서대로 스틱을 뽑으세요.

4. 각 단어가 묘사하는 가족 구성원이 문장을 하나씩 읽습니다. 예를 들어 'cute' 막대가 뽑히면 아이가 책을 한 줄 읽고, 'strong' 막대가 뽑히면 아빠가 읽는 방식으로요.

영어를 어려워하는 아이들도 잘 부를 수 있는 동요 'Twinkle

TWINKLE, TWINKLE, LITTLE STAR

1 · Twinkle, twinkle, little star

2 · How I wonder what you are

3 · Up above the world so high

4 · Like a diamond in the sky

ALL · Twinkle, twinkle, little star

ALL · How I wonder what you are

twinkle little star'의 가사를 번갈아 읽어보는 것도 좋습니다. 한 명이 한 구절씩 가사를 읽다가 후렴구인 마지막 두 줄은 합창하듯 다 함께 읽고요. 가사를 읽는 데 익숙해지면 같은 방식으로 노래를 불러보아도 재미있겠죠? 다음 그림처럼 한 사람씩 번호를 정하고, 자기 분량의 글을 확인하며 읽어야 하기 때문에 아이도 자연스럽게 읽게 할 수 있다는 장점이 있습니다.

연극처럼 읽기

아이와 함께 소리내어 그림책을 읽는 두 번째 방법은 '독자 극장Readers' Theater'이에요. 마치 연극처럼 역할을 맡아서 책을 읽는 방식이죠. 다만 분장이나 의상이나 조명과 소도구 없이 대본을 들고 감정을 살려 각자 맡은 역할을 읽기만 하면 돼요.

Readers Theater

아이와 처음 이 방법으로 그림책을 읽을 때는 모 윌렘스의 『That Is Not a Good Idea!』를 추천합니다. 무성 영화 형식을 띠고 있어서 연극하듯이 읽기에 좋습니다.

'Mo Willems Presents(모 윌렘스 제공)'이라는 표지 문구만 보아도 무성영화 느낌이 물씬 풍기지요? 각 페이지에 검은 테두리 안에 그림이 그려져 있어서, 마치 영화 스크린을 보는 느낌이 듭니다.

이 책에는 여우와 거위, 새끼 거위들이 등장합니다. 여우가 거위를 꼬셔서 잡아먹으려다가 도리어 당하는 내용인데요. 여우와 거위의 대사가 깁니다. 그러니 어른 1과 어른 2가 맡고, 아이는 새끼 거위들gosling 역할을 맡아서 읽게 하세요. 새끼 거위들은 "That's not a good idea!"라는 한 문장을 반복해서 말하거든요. 페이지가 넘어갈 때마다 영어 문장에 'Really'가 하나씩 더 붙어요.

다음 문장은 책 속에서 새끼 거위들이 하는 말을 정리한 겁니

문장 거꾸로 구축하기

Good idea!

Not a good idea!

That's not a good idea!

That's **really** not a good idea!

That's **really really** not a good idea!

That's **really really really** not a good idea!

다. 연극처럼 읽기를 시작하기 전 이 문장들만 먼저 읽어보면 더 능숙하게 연기하는데 도움이 돼요. 이 방식은 문장 거꾸로 구축하기 Backward Setence Building-up라고 불리는 말하기 연습 방식이에요.

새끼 거위들은 하나씩 단어를 더해가며 좀 더 복잡한 문장을 구사하는데요. 이렇게 기초적인 것에서 시작한 한 단계씩 복잡성을 더해가는 학습법을 '거꾸로 구축법backward build-up'이라고 불러요. 이렇게 공부하면 아이들은 자기도 모르는 사이 문장을 체계적으로 이해하게 되죠. 이렇게 공부하면 문장을 외우기도 쉽고요.

연극처럼 읽기를 할 때 책 속 그림처럼 여우 역할은 멋진 모자를 쓰고, 거위 역할은 스카프를 두르고, 새끼 거위는 포크를 든다면 더욱 재미있겠죠? 다음 QR코드는 『The True Story of Three Little Pigs』를 고등학생들이 '독자 극장'으로 읽은 유튜브 동영상 버전이에요.

『The True Story of Three Little Pigs』 독자 극장

소리내어 읽기 좋은 콘셉트 북

캐런 카츠, 『Counting Kisses』

이 그림책은 정말 사랑스럽습니다. 할머니, 엄마, 아빠 등 가족이 돌아가면서 아이 신체 부위에 뽀뽀를 해주는 내용이거든요. 아이들은 자기 몸의 경계를 그리면서 자아 개념이 생기기 시작하는데요. 이

책은 아이가 애정 어린 방식으로 자기 몸을 인식할 수 있게 도와줘요. 수 개념을 익히기에도 아주 좋습니다. "자그마한 발바닥에는 열 번 뽀뽀, 배꼽에는 일곱 번 뽀뽀"처럼 숫자를 세어 뽀뽀하는 형식으로 내용이 전개되거든요. 이 그림책을 읽을 때는 페이지를 넘길 때마다 아이에게 뽀뽀를 해주세요.

M.H.클라스, 애나 헐리, 『TIGER DAYS』

'감정' 이름을 배우기에 좋은 그림책입니다. 하나의 동물과 하나의 감정을 엮어서 제시하기 때문에 각 동물의 이미지로 감정의 이름을 쉽게 익힐 수 있거든요. 예를 들어 호랑이의 날에는 거칠어지고, 거북이의 날에는 천천히 움직이며 숨어 있고, 곰의 날에는 용감해진다는 식이죠.

아이를 성숙하고 균형 잡힌 사람으로 키우기 위해 가장 신경 써야 하는 것은 감정을 잘 표현하고, 추스리고, 주고받는 법을 알려주는 거예요. 어린 시절에 자기 감정을 알아차리는 연습을 하지 못하면, 어른이 되어서도 자기 감정을 적절히 표출하며 다스리지 못하죠. 가장 쉬운 방식으로 감정을 잘못 표출하게 돼요. 사소한 일에도 크게 분노하거나 지나치게 우울해지는 것처럼요.

그림책이 우리에게 주는 가장 큰 선물은 정서 발달을 돕는 것입니다. 그래서 저는 이 콘셉트 북을 강력 추천해요. 아이에게 흥분, 용감, 무기력, 슬픔 등의 다양한 감정의 정체를 기발하게 제시하고, 그 감정을 표현하는 언어를 가르쳐주거든요.

몰리 뱅, 『When Sophie Gets Angry - Really, Really Angry』

영유아기를 벗어난 아이라면 이 그림책도 꼭 읽어주세요. 감정에 관해 『Tiger Days』보다 한 단계 높은 수준에서 보여주는 책입니다. 주인공 소피를 화나게 하는 상황과 그때 나타나는 소피의 감정이 익살스러운 글과 그림으로 잘 표현되어 있어요. 특히 소피를  둘러싸고 있는 윤곽선 색이 소피의 감정 변화에 따라 변하는 그림 속 메시지에 주목해서 읽어주세요. 고릴라 인형을 빼앗기고 빨갛게 변했던 소피의 윤곽선이 바닷가 나무 위에 올라가 먼 바다를 바라보며 점차 색이 변하는 장면이 아주 인상적이거든요. 아이는 소피가 스스로 화를 다스리기 위해 하는 행동들을 보면서 영어뿐 아니라 자신의 부정적인 감정을 해소하는 방법까지 배울 수 있을 거예요.

산드라 보인톤, 『Opposites』, 레오 리오니, 『Inch by Inch』

두 책은 사물의 크기에 대한 개념을 알려줍니다. 『Opposites』는 크고 작고, 길고 작고, 많고 적고 등의 반대말 개념을 알려줍니다. 서로 반대 위치에 있는 두 대상을 비교해 보면서 세상을 관찰하는 시각을 키우는 데 도움이 되죠.

이 책을 읽은 다음에는 레오 리오니의 『Inch by Inch』를 읽어주세요. 주변을 관찰하는 것을 넘어 탐구하는 마음을 갖게 합니다. 이 책의 주인공은 작은 자벌레inchworm인데, 여러 사물에 자기 몸을 대고 길이를 재어봅니다. 그림책을 읽은 뒤 아이 손가락으로 주변 사물의 크기를 가늠해 보는 놀이를 하면 좋아요. 세상에 대한 호기심도 키울 수 있습니다.

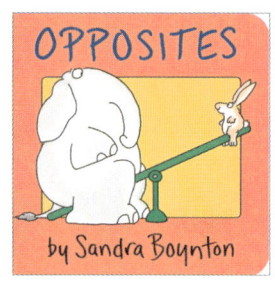

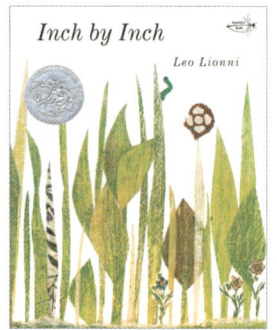

애나 강, 크리스토퍼 웨이언트, 『You Are (Not) Small』

이 그림책은 크기 개념에서 한 걸음 더 나아가 크기에 대한 올바른 인식을 갖도록 돕습니다. 아주 쉬운 문장으로 쓰여 있고, 내용 또한 재미있어요. 크기가 다른 곰들이 차례로 나와서 자기 몸집보다 작은 곰에게 말합니다.

"You are small."

그러면 작은 곰이 외치죠.

"I am not small. You are big."

페이지가 넘어갈 때마다 점점 더 큰 곰이 등장하는 게 이 책의 묘미예요. 아이들은 자칫 작다는 것을 부정적인 의미로 받아들일 수 있는데요. 이 그림책은 '작다'는 것은 상대적이라는 것을 알려줍니다. 작다고 위축될 필요가 없다는 사실도 함께요.

로이스 애러트의 『COLOR ZOO』, 맥 바넷의 『Shape trilogy』

세모·네모·동그라미 등 형태 shape를 알려주는 그림책입니다. 로이스 에러트가 지은 보드북 『COLOR ZOO』는 워낙 유명해서 이미 알고 있는 분들이 많을 거예요. 여러 가지 색깔의 도형으로 동물의 얼굴을 표현해

서 색깔, 동물의 이름, 형태 등을 영어로 익히는 데 도움이 됩니다.

맥 바넷이 글을 쓰고, 존 클라센이 그림을 그린 모양 3부작 Shape trilogy 시리즈도 강력 추천합니다. 동그라미·네모·세모가 주인공으로 등장해서 엎치락뒤치락하며 다양한 이야기를 만드는 내용인데요. 재미있게 읽을 수 있습니다.

 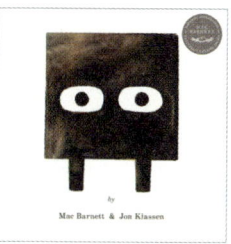 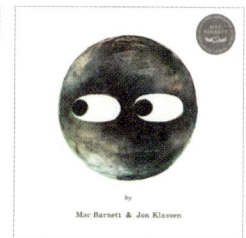

영상으로 영어를 배울 때 주의할 점

아이에게 영어 영상을 보여주는 분이 많습니다. 그렇게 자주 듣고 접하다 보면 자연스레 귀가 열리고 입이 트인다고 믿는 거죠. 하지만 그렇지 않습니다. 이중언어 전문가인 앨리슨 매키(언어학) 교수는 『2가지 언어에 능통한 아이로 키우기』에서 멀티미디어 학습을 경계해야 한다고 합니다. 영유아가 멀티미디어로 학습 효과를 얻으려면 반드시 어른과 함께 콘텐츠를 보며 상호작용해야 하는데, 많은 양육자들이 그냥 동영상만 틀어주면 된다고 오해하는 경우가 많기 때문입니다.

1981년 진행된 언어 습득 이론에 대한 연구 결과도 마찬가지입니다. 연구자 재클린 삭스가 청각장애인 부모를 둔 아이의 언어 발달을 연구한 결과에 따르면, 청각에 문제가 없는 어른과 접촉하지 않고 TV로만 말을 배운 아이들의 경우 언어 수준이 또래보다 현저히 낮았습니다. 이 아이들은 이후 언어치료 전문가의 도움을 받은 뒤에야 아이는 또래 수준의 언어 구사 능력을 갖출 수 있었습니다.

이런 연구 결과가 시사하는 바는 분명합니다. 아이 혼자 시청각 자료를 보고 언어를 배우기는 어렵다는 것입니다. 부모가 아이와 함께 영어 그림책을 읽어야 하고, 함께 동영상을 봐야 하는 이유가 여기에 있어요.

이쯤에서 양육자의 새로운 고민이 시작됩니다. 아무리 영어 그림책을 읽어주고 싶어도 아이가 거부하는 경우가 생기거든요. 한국어를 어느 정도 할 줄 아는 3~4세 아이들은 영어 그림책을 처음 접하면 "한국어로 읽어달라"고 요구할 때가 많아요. 내용이 이해되지 않으니 재미가 없는 겁니다.

    그럴 때는 이렇게 해보세요. 익숙한 내용의 명작 동화를 영어 그림책으로 보는 겁니다. 애니메이션 '겨울왕국'을 좋아하는 아이라면 그림책으로 출간된 겨울왕국 이야기를 보여주는 거예요. 엘사와 대화를 하려면 영어를 할 줄 알아야 한다고 동기부여를 하면서요. 아이의 흥미와 수준에 따라 영어 그림책을 고른다면, 한국어로 내용을 알려주지 않아도 페이지가 술술 넘어갈 거예요.

엄마표 질문을 한 번에 만든다, 챗GPT '영어 그림책' 활용법

어떤 질문을 해야 할까 궁금하다면 챗GPT에 물어보세요.

영어 그림책을 어떻게 읽어줘야 할까요? 그림책을 잘 읽어주는 방법이 있습니다. 바로 '텍스트 톡Text talk'입니다. 미국 피츠버그대학의 영어교육학자 이사벨 벡과 마가렛 맥키언 교수는 어린이에게 소리내어 책 읽어주는 법을 '텍스트 톡Text talk'이라는 교수법으로 정리해서 발표했어요. 이 교수법의 핵심은 책을 읽어주며 아이와 얼마나 많이 상호작용을 하는가입니다. 텍스트 톡은 '1. 책을 읽기 전, 2. 읽는 중, 3. 읽은 후' 3단계로 이루어집니다. 각 단계별로 아이와 상호작용하는 법을 담고 있습니다.

우리는 토론 문화에 익숙하지 않기 때문에 그림책을 주제로 아이에게 질문하는 것을 어색해 하는 분들이 많아요. 이때 AI(인공지

능) 챗봇을 쓰면 유용해요. 여기서는 텍스트 톡 방식으로 그림책 읽어주는 법, 그리고 읽기 활동에 AI 챗봇 응용 방법을 알려드릴게요.

Step1. 읽기 전 단계, 표지를 꼼꼼히 살펴보세요
맨 먼저 책 제목을 알려주세요.

아이가 글자를 읽을 줄 모르더라도 부모가 손가락으로 제목을 한 글자씩 짚어가며 읽어줍니다. 그래야 문자에 대한 인식이 생기거든요.

그런 다음 글 작가와 그림 작가의 이름을 꼭 읽어주세요.

작가의 이름을 읽어줘야 하는 이유는 두 가지예요.

첫째, 아이에게 책에 대한 존경심을 키워줄 수 있어요. 둘째, 배경지식이 됩니다. 작가 이름을 기억했다가 같은 작가의 다른 작품을 만나게 될 때 이전에 읽었던 작품을 떠올릴 수 있어요. 작가별로 작품을 기억하는 머릿속 저장고가 커지면 아이가 책 애호가로 살게 될 확률도 높아집니다.

작가 이름을 영어로 읽는 건 쉽지 않아요. 미국에는 이민자가 많아서 낯선 철자를 지닌 이름이 무척 많거든요. 그럴 땐 어떻게 발음해야 하는지 구글에 물어보세요. 검색창에 "How do you pronounce 작가 이름?"을 검색하면, 해당 이름을 발음한 음성을 들을 수 있답니다.

유명한 작가는 자기 이름을 어떻게 발음해야 하는지 직접 말해주기도 하는데요. 이땐 작가가 요청한 대로 불러주는 게 예의입니다. 일례로 『새벽』이라는 작품으로 유명한 유리 슐레비츠 Uri Shulevitz는 한국에서 '유리'라고 표기하지만, 그는 '우리'라고 발음해달라고 부탁했습니다.

제목과 작가의 이름을 알았다면, 본격적으로 읽기 전 단계에 돌입해 볼까요? 이 단계는 아이를 새로운 책 속으로 자연스럽게 연착륙하게 하는 작업입니다. 그래서 매우 중요하죠.

페트리샤 클리브랜드 펙이 글을 쓰고 데이비드 타지만이 그림을 그린 책 『You Can't Take an Elephant on the Bus』로 텍스트 톡 방법을 알아볼게요.

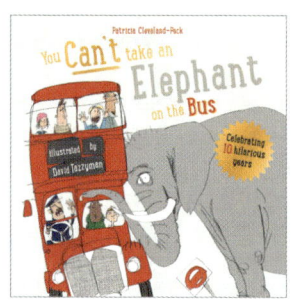

책을 이해하는 데 필요한 필수 어휘를 알려주세요.

이 책에는 Seal(물개), Centipede(지네), Camel(낙타), Giraffe(기린), Hippo(하마) 등의 동물 이름이 나와요. 동물의 이름과 그림이 그려진 영단어 카드를 보여주면서 어떻게 발음하는지 들려주면 좋겠죠? 필수 어휘를 미리 알려주는 건 영어 음성 어휘 저장고가 작은 아이들을 위해 꼭 필요한 작업이에요.

배경지식을 설명합니다.

아이가 배경지식이 부족하면 책을 읽기 힘들어할 수 있어요. 이 책의 경우 이층버스 double decker가 무엇인지, 각 동물의 몸집이 얼마나 크고 작은지 알아야 내용을 잘 이해할 수 있어요.

책과 아이의 경험을 연결시켜 주세요.

아이들을 새로운 책 속으로 끌어들이기 위해서는 개인화 personalization 작업이 필요해요. "동물원에서 전에 코끼리 본 적 있지?", "우리 여행 가서 이층버스 탔던 거 기억나?" 같은 질문으로, 책 내용과 연결된 아이의 경험을 끌어내 주세요. 아이와 책 사이에 연결고리가 생기면, 책을 더 재미있게 읽을 수 있습니다. 경험과 맞닿은 내용은 장기기억으로 저장되기에 더 오래 기억할 수 있어요.

표지를 보며 책 내용을 예측해 봅니다

표지를 보면서 이 책이 무슨 내용일지, 표지 속 등장인물은 무엇을 하고 있는지에 대해 이야기 해봅니다. 독서는 궁극적으로 사고력을 기르는 일이잖아요. 예측은 가장 낮은 단계의 추론이에요. 표지를 보며 책 내용을 예측하는 건 아이에게 적절한 사고력 훈련법이죠. 이때 양육자가 질문을 던지는 게 중요합니다. 무슨 질문을 해야 할지 잘 모르겠다면, AI의 도움을 받으세요. 챗GPT에 접속해, 백과 맥커운 교수의 '텍스트 톡'에 기반해 아이에게 던질 만한 질문을 만들어달라고 요청하는 식으로요.

저는 『You Can't Take an Elephant on the Bus』의 표지 이미지를 함께 넣고, 이 그림을 토대로 질문을 만들어 달라고 요청했어요. 벡과 매키언 학자의 텍스트 톡Text talk에 기반해서 어린이를 위한 쉬운 질문을 만들어달라고 한 거죠. 챗GPT를 유료로 쓰면 이미지 파일을 분석하는 작업을 할 수 있거든요. 질문 수준은 공통 유럽 기준인 CEFR에서 가장 쉬운 레벨A1에 맞춰달라고 했습니다. 그러면 AI가 이렇게 질문을 만들어 줍니다. 챗GPT가 뽑아준 질문들을 보면, 책을 읽기 전 단계에서 꼭 해야 하는 작업들이 순서대로 나옵니다.

📖 Before Reading — Building Curiosity and Prediction

1. **Cover Talk:**
   - What do you notice on the book cover?
   - Why do you think there's an elephant next to a bus?
   - Do elephants usually ride buses? What might happen if they try?
2. **Prediction Questions:**
   - The title says *You Can't Take an Elephant on the Bus*. Why not?
   - What other animals might be hard to take on a bus?
   - What do you think this book will be about — rules, imagination, or something funny?
3. **Connecting Background Knowledge:**
   - Have you ever seen an elephant before — maybe at a zoo or in a story?
   - What kinds of animals do people usually keep or travel with?
   - What's the funniest thing you've ever seen or imagined on a bus?

🐘 During Reading — Guiding Comprehension & Engagement

1. **Literal Comprehension:**
   - What happens when the elephant tries to get on the bus?
   - How do the people on the bus react?
   - What do you think the elephant feels — embarrassed, confused, or playful?
2. **Inferential Thinking:**
   - Why do you think the author wrote *You can't take an elephant on the bus*?
   - What do you think the book is trying to show us — that animals don't belong on buses, or that it's fun to imagine silly things?
   - How do the pictures make the story funnier?
3. **Language & Sound Play:**
   - Do you notice any rhyming or rhythm in the sentences?
   - How does that make the story sound — more serious or more playful?
   - Let's try to read one line together with funny voices!

> 🎨 **After Reading — Vocabulary, Discussion, and Imaginative Extension**
> 1. **Word Talk (Rich Vocabulary Focus):**
>   - *Elephant* — what other big animals can you name?
>   - *Bus* — what other ways can people travel?
>   - *Can't take* — what does it mean when someone says you *can't take* something somewhere?
>   (e.g., "You can't take your dog to the library." Why not?)
> 2. **Concept Discussion:**
>   - What's silly about the idea of animals doing human things?
>   - Which animal in the story made you laugh the most? Why?
>   - What would happen if the story were *You Can't Take a Whale to School?*
> 3. **Creative Extension Activities:**
>   - Draw your own page for the book — "You can't take a ___ on a ___."
>   - Act out one scene from the story. What sound would the elephant make?
>   - Make a class book together: *You Can't Take an Animal On...*

보시면 리딩의 3단계(읽기 전-읽는 중-읽기 후)에 맞춰서 단계별 질문이 주어집니다. 읽기 전Before Reading 단계에서는 커버 그림을 보면서 이야기할 때 쓰는 질문, 예측 질문, 배경 지식과 연결하는 질문들이 있는 게 보이죠?

읽기 중During reading 단계에서는 사실 관계를 묻는 Lieteral Comprehension 질문, 추론을 통한 사고로 이끄는 Inferential Thinking 질문, 언어와 음악적 요소language & Sound Play에 대해 묻는 질문을 생성해줍니다.

읽기 후After Reading 단계에서는 Word Talk을 통해 어휘를 확인하고, 새롭게 익힌 개념을 Concept Discussion을 통해 확인하며 토론하고, 이를 더 확장시켜서 창의적인 추후 활동으로 이끌고 나가는 Creative Extension Activities를 제시하고 있어요.

영어 그림책을 읽으면서 어떤 질문을 던져야 할지 모를 때 이렇게 챗GPT를 이용해 Text Talk Framework에 근거해 질문을 만들어달라고 하면 매우 교육적인 효과가 큰 질문들을 아이와 함께 주고받을 수 있어요.

Step2. 읽기 중 단계: 글과 그림을 함께 읽어라

그림책을 읽을 때는 글뿐만 아니라 그림도 읽어야 해요. 『괴물들이 사는 나라』를 쓴 세계적인 그림책 작가 모리스 샌닥은 "좋은 그림책의 그림은 글에서 말한 내용만 담아내지 않는다"고 했어요. 그림은 글에서 조금 비껴나간 또 다른 메시지를 담고 있어야 좋은 그림이란 얘기죠. 이렇게 글과 그림이 상호보완적인 관계를 이루어야 좋은 그림책이라는 의미죠.

그림책을 읽어줄 때, 책 내용에만 집중하지 말고 그림도 유심히 살펴보세요. 누구를 크게 그렸는지, 어떤 등장인물은 왜 안 그렸는지, 주인공이 어느 방향으로 움직이는지, 어떤 색을 썼는지 등에 대해 이야기를 나누는 것입니다. 아이와 글과 그림의 내용에 대해 이야기를 나누느라 페이지가 천천히 넘어가도 괜찮아요. 그림책 읽기의 기본은 '묻고 답하기'입니다. 읽기 전 단계에서 했던 작업의 연장선이라고 생각하면서 천천히 책을 읽어나가면 됩니다.

Step3. 읽은 후 단계: 말하고 쓰고 놀면서 책을 내 것으로

아이가 책으로 받아들인 정보를 말speaking과 글writing로 표현할 수 있게 이끌어 주어야 합니다.

먼저 간단한 질문으로 책에 대한 평가를 하도록 해보세요. "어떤 점이 좋았어?", "이 책에 별점을 준다면 몇 점을 주고 싶어?" 등을 물어보는 거죠.

그런 다음 그림책 정보를 다시 조직하는 훈련을 합니다. 예를 들어 『You Can't Take an Elephant on the Bus』에 등장하는 동물들은 각각 다른 교통수단을 타고 나오는데요. 책에선 각 동물이 특정 교통수단을 탔을 때 벌어지는 일을 상세히 묘사합니다. 이 내용을 토대로 독후활동지를 만드는 거예요. 이때도 AI의 도움을 받으면 편합니다.

이번에는 퍼플렉시티perplexity라는 AI 기반 검색 서비스를 사용했어요. 챗GPT와 유사한데, 인터넷 검색 기능은 더 뛰어난 챗봇 서비스입니다. AI가 인터넷 검색으로 이용자의 질문의 대한 답을 스스로 학습하고 찾아주어 독후 활동에 응용하기 좋습니다. 저는 퍼플렉시티에 이렇게 명령했어요.

Refer to the picture book titled You Can't Take an Elephant on the Bus. Draw a table on the picture book: List the animals in the first column by their appearing order and put the rides in the second column and leave the third column blank so learners can fill in.

(그림책 『You Can't Take an Elephant on the Bus』를 참고해. 이 책에 대한 표를 그려줘: 첫 번째 열에는 동물을 나오는 순서대로 열거하고, 두 번째 열에

는 탈것을 넣어줘. 세 번째 열은 학습자들이 채울 수 있게 비워줘.)

그럼 불과 몇 초 만에 다음과 같은 표를 얻을 수 있답니다.

No.	Animal	Ride / Vehicle	Learner's Notes (What happens? Why funny?)
1	Elephant	Bus	
2	Monkey	Shopping trolley	
3	Seal	Taxi	
4	Tiger	Train	
5	Pig	Skateboard	
6	Camel	Boat	
7	Giraffe	Airplane	
8	Hippo	Helicopter	
9	Sheep	Jeep	
10	Mouse	Motorbike	
11	Whale	Submarine	
12	Everyone (all animals)	Bus (together at the end)	

이렇게 얻은 표를 활동지로 이용해 보세요. 이 표를 채우려면 그림책을 다시 읽을 수밖에 없겠죠?

세 번째 칸은 각각의 탈것에서 벌어진 일을 써서 채우게 해보세요. 이렇게 하면 그림책을 다시 읽을 수밖에 없겠죠? 또 그림책 내용에서 각각의 정보를 매칭하는 능력을 키울 수 있어요. 아이가 너무 어려워한다면 두 번째 칸을 비운 뒤, 각 동물이 탄 교통수단의 이름을 찾아 쓰도록 하면 됩니다.

지금까지는 그림책의 이해도를 확장하는 독후 활동이었어요. 이제 그림책 내용을 진짜 내 것으로 확장하는 작업을 할 차례입니다. 이 활동은 아이 수준에 따라 변주할 수 있는데요. 읽기와 쓰기에 능숙한 초등학교 고학년 아이라면, 그림책 내용을 토대로 자신의 입장에서 짧은 글을 쓰도록 해보세요. 일종의 독후감을 써보는 겁니다. 이때 흰 종이에 무작정 글을 쓰라고 하면 아이가 막막해 할 수 있어요. 그러면 다음과 같은 활동지를 활용해서 자기 생각을 표현할 수 있도록 도와주세요.

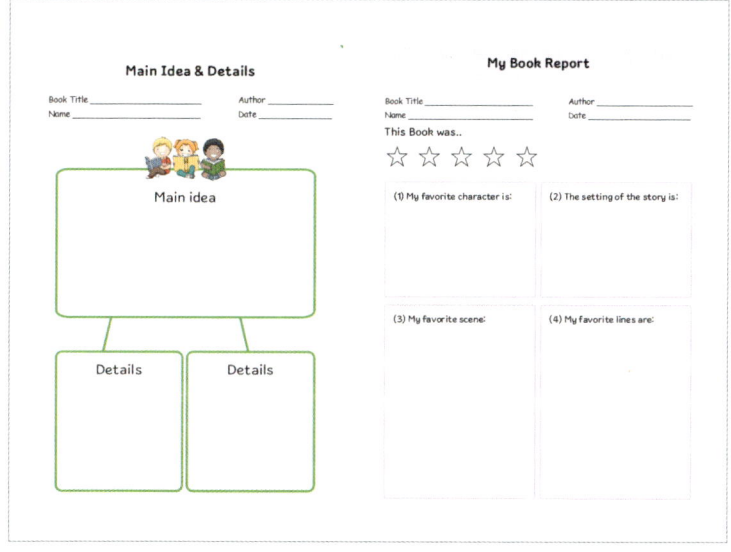

이 스토리 맵에는 인상적이었던 장면을 몇 가지 뽑아서 그리고, 다음에 설명을 써볼 수 있겠지요. 글을 쓸 때도 활동지를 활용하면 유용해요. 다음 활동지를 참고해주세요.

영어 지문을 읽은 뒤에는 글의 중심 내용이 무엇인지 이해하는 게 매우 중요해요. 앞서 본 활동지처럼 '중심 내용Main Idea'과 '세부 내용Details'을 나누어 생각할 수 있도록 칸을 나누어 주면 훨씬 더 쉽게 쓸 수 있습니다.

이 활동이 어렵다면 오른쪽의 활동지처럼 가장 좋아하는 주인공, 가장 좋아하는 장면, 가장 좋아하는 구절과 이야기를 별도로 적게 해주어도 좋습니다. 글을 쓰기 어려워하는 아이라면 그림을 그려도 좋아요. 그림책에서 가장 인상적이었던 장면 하나를 뽑아 그리라고 한 뒤, 무엇을 그렸는지 말해보는 거예요. 영어로 말하는 데 능숙한 아이라면 여러 장면을 그려서 설명해보라고 할 수 있겠죠? 이렇게 하면 그림책 읽기를 자연스럽게 말하기로 확장할 수 있습니다.

이외에 역할극, 만들기 등 다양한 활동으로 이어가는 방법도 있습니다. 그림책으로 할 수 있는 활동은 정말 무궁무진해요. 제가 서초구립 반포도서관에서 촬영한 영상을 소개할게요. 인형놀이, 찰흙놀이, 공 던지기 등 다양한 그림책 독후활동을 볼 수 있습니다.

모 윌렘스의 『Watch Me Throw the Ball』

We're going to throw a ball!

베스 페리의 『Stick and Stone』

They are close to each other.
They are far away from each other.

라이언 T. 히긴스의 『What About Worms?』

You're very strong and brave.
I hate worms because they squirm.

필립 쿠드레이의 『Benjamin Bear in Bright Ideas』

The bear is giving a present to the rabbit.
They are looking at the present.

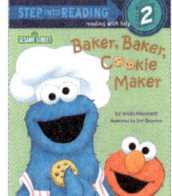

린다 헤이워드의 『Baker, Baker, Cookie Maker』

We're going to make some cookies.
Eating cookies is fun, and making cookies is more fun.

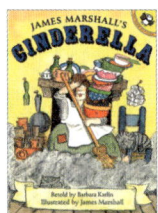

제임스 마샬의 『Cinderella』

There lived a girl named Cinderella.
She lived with her stepmother and two stepsisters.

카마 윌슨의 『Bear Stays Up for Christmas』

We're going to make a Christmas tree.
Let's hang up two crystal balls.

줄스 파이퍼의 『Bark, George』

Let's make a doggie bag together.

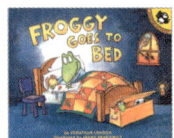

조나단 런던의 『Froggy Goes to Bed』

Now our friend Rabbit wants to go to bed.
She should brush her teeth first.

조나단 런던의 『Little Whale』

We're going to make a whale out of a colored paper dish.
I like blue whales.

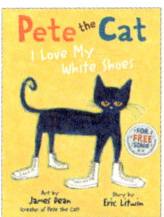

제임스 딘의 『Pete the Cat』

Pete the cat has shoes. A cat has four feet, so it needs two pairs of shoes.

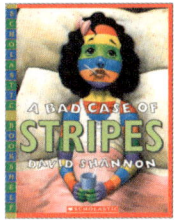

데이빗 셰논의 『A Bad Case of Stripes』

Today we're going to play with colors.

타카하시 에츠코의 『Polar Bear's Underwear』

We have to help Polar Bear so he can wear the right color on the right time.

모 윌렘스의 『Knuffle Bunny Too』

Now we're going to make a Knuffle Bunny for you.

제리 팔로타의 『Who Would Win?: Killer Whale vs. Great White Shark』

In the wild sea, you can see a great shark.

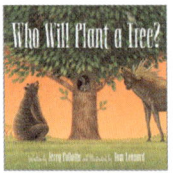

제리 팔로타의 『Who Will Plant a Tree?』

We're going to find out how a tree grows.

줄리 폴리나의 『And Then It's Spring』

Does the bird go into the spring box or the winter box?

지나 노리스의 『Spooky Hour』

We're going to make some scary stuff.

시몬느 케이프의 『There Was an Old Lady Who Swallowed a Fly』

This old lady is special because she swallowed a fly.

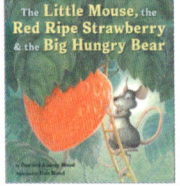

돈 우드와 오드리 우드의 『The Little Mouse, the Red Ripe Strawberry, and the Big Hungry Bear』

We have to share a strawberry with our friends.

읽기 활동에 좋은 그림책

에밀리 그라벳, 『OLD HAT』

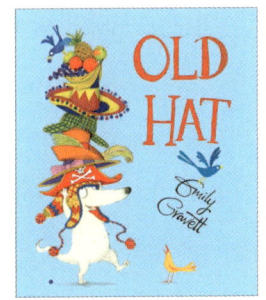

여러 가지 독후 활동에 좋은 그림책이에요. 이 책의 주인공인 하얀 강아지 하베트는 어린 시절, 엄마가 털실로 짜준 모자를 쓰고 친구들을 만납니다. 그런데 친구들이 그 모자를 보고 "OLD HAT"이라고 놀려요. 부끄러워진 하베트는 유행하는 모자를 이것저것 써보지만 친구들에게 여전히 놀림을 받죠. 결국 모자를 벗고 자기 자신의 모습으로 나타나자 친구들이 그를 따라하게 되었다는 내용이에요.

책을 읽은 뒤 모자를 주제로 다양한 활동을 해보세요. 표지 이미지처럼 집에 있는 모자를 모두 가져와 겹쳐서 써보기, 가장 좋아하는 모자를 영어로 말해보기, 내가 써보고 싶은 모자 그려보기, 신문지를 접어서 삼각모자 만들기처럼 재미있는 독후 활동을 할 수 있습니다.

데이비드 맥키, 『Not Now, Bernard』

이 그림책은 아이의 말을 무시하는 엄마, 아빠의 모습에 화가 나서 괴물로 변한 남자 아이 버나드Bernard의 이야기예요. 버나드는 엄마와 아빠를 찾아가 끊임없이

말을 걸어요. 하지만 엄마와 아빠는 "Not now, Bernard(지금은 안 돼, 버나드)"라고 대답할 뿐이죠.

버나드가 외면 당하는 여러 장면과 아이의 감정적인 변화가 순차적으로 그려져 있는 책인데요. 스토리보드로 플롯의 전개를 그려보는 활동을 하기 아주 좋아요. 아이들이 공감하기 좋은 주제인데다가 이야기 구조가 쉬운 것도 장점이에요. 이 책은 역할 바꾸기 놀이를 독후 활동으로 하면 좋아요. 아이가 "Not now, Bernard"라고 외치는 엄마나 아빠 역을 하고, 부모님이 버나드 역을 해보면 좋아요.

필리파 레더스, 『THE BLACK RABBIT』

자기 그림자를 무서워하는 어린 토끼 이야기예요. 무서움이 많은 어린이들이라면 공감하며 읽을 수 있죠. 무서움을 극복하려면 어떻게 해야 하는지도 알 수 있고요.

주인공 토끼가 그림자를 피하기 위해서 여러 가지 방법으로 도망치는데요. 다 읽은 뒤, 토끼가 어떻게 그림자를 피했는지 순서대로 스토리 맵을 그려보면 좋아요. 아이에게 "네가 가장 무서워하는 건 뭐야? 토끼처럼 도망치고 싶은 게 있어?"라고 물어보면서, 아이의 속마음을 알아볼 수도 있습니다. 그런 다음 아이가 무서워하는 것을 종이에 그리게 하고, 완성된 그림에 크게 X 표시를 한 뒤 같이 버리는 활동을 해보세요. 아이가 무서움을 극복하는 계기가 될 거예요.

모 윌렘스, 『KNUFFLE BUNNY』

아빠와 빨래방에 가다가 토끼 인형을 잃어버린 아이의 이야기예요. 아빠와 아이가 집을 나와 빨래방으로 향한 순간부터 잃어버린 인형을 다시 찾는 모든 과정의 스토리라인이 한 컷씩 필름처럼 등장합니다. 그래서 여러 장면을 뒤섞어놓고 순서대로 맞추는 활동을 하기에 정말 좋아요. 아이가 가장 좋아하는 인형을 가지고 책의 스토리를 재현해보면 더 재미있을 거예요.

앞에서 소개한 텍스트 톡 3단계 방법으로 그림책을 읽으면 평소보다 시간이 더 오래 걸릴 겁니다. 아이보다 먼저 그림책을 읽고 주요 어휘를 정리하거나 독후 활동을 준비하는 작업이 번거롭게 느껴질 수도 있고요. 하지만 몇 번만 해보면 그리 어렵지 않다는 것을 알 수 있습니다. 아이에게 그림책을 읽어주는 것은 부모의 중요한 일과 중 하나죠. 기왕 읽어주는 거, 더 큰 학습 효과를 낼 수 있으면 좋잖아요. 알려드린 방법으로 아이와 영어 그림책 읽는 시간을 더 알차고 풍성하게 누리시길 바랍니다.

영어 교육 전문가가
그림책을 30번 읽고 놀란 이유

책 전체가 토끼 눈동자였다,
베스트셀러 영어책의 비밀

지금까지 영어 그림책에서 텍스트를 읽어주는 것에 주목했다면, 여기서는 그림을 읽는 법에 대해 이야기하려고 합니다.

그림을 어떻게 읽냐고요? 그림의 동선, 색, 선, 등장인물의 움직임 등을 유심히 들여다보면 작가의 의도와 메시지가 보입니다. 숨겨진 그 이야기를 찾아나가는 것이 바로 그림 읽기죠. 그림책의 그림에는 동선과 시선이 만드는 방향이 있습니다. 독자의 시선을 특정 대상으로 끌어당기고, 그 다음으로 중요한 이미지에 시선을 옮길 수 있도록 작가는 그림을 통해 '읽기 경로 reading path'를 만들죠. 이 경로를 따라 읽으면 그림책을 더 충만하게 즐길 수 있어요.

흑백 타원은 왜 점점 작아졌을까?

아이가 어릴 적, 마가렛 와이즈 브라운의 그림책 『Goodnight Moon』을 자주 읽어줬습니다. 한 서른 번쯤 읽었을까요? 책 속의 그림을 보다가 무언가를 퍼뜩 깨닫고는 '이 책의 작가는 천재가 아닐까'라는 생각을 했어요. 그림 구성이 책 내용을 실감나게 표현하고 있었기 때문입니다.

이 책에는 컬러 페이지와 흑백 페이지가 번갈아 나옵니다. 사실 이 구성은 특별하지 않아요. 이 책이 출간된 1940년대에는 컬러 인쇄 단가가 엄청 높았거든요. 제작비를 줄이기 위해 흑백 페이지를 섞어 쓰는 게 관행이었죠. 그런데 마가렛 와이즈 브라운은 이 구성에 특별한 비밀을 숨겨뒀습니다.

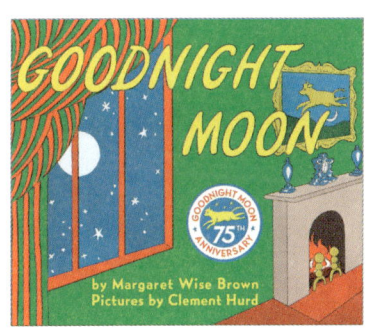

컬러 페이지는 방 안 전체를 둘러보는 3인칭 시점입니다. 침대에 누워 잠을 청하는 아기 토끼가 보입니다. 흑백 페이지는 타원 안에 그림이 그려져 있어요. 이 타원이 뭘까요? 바로 토끼의 눈동자입니다.

작가는 흑백 페이지마다 토끼가 1인칭 시점에서 본 풍경을 그렸어요. 책장을 넘길수록 이 타원은 점점 작아집니다. 토끼가 사물들에게 굿나잇 인사를 하면서 점점 잠에 빠져들기 때문이죠. 마침내 아기 토끼가 잠든 후에는 흑백의 원이 완전히 사라지고, 달님과 별님이 반짝이는 밤하늘이 등장합니다. 저는 이걸 깨닫고 놀라지 않을 수 없었어요.

영아기 아이는 시간의 영속성을 알지 못합니다. 오늘이 지나면 내일이 온다는 것을 모릅니다. 아기가 잠투정을 하는 건 그래서죠. 시간 영속성이 없는 상태에서 잠이 오는 건 죽음을 체험하는 것과 다를 바가 없으니까요. 아이는 자라면서 점점 시간 연속성 개념을 깨닫게 되는데요.

잠들기 전, 주변의 친숙한 사물의 이름을 부르며 잘 자라는 인사를 하는 의식은 잠드는 게 불안한 아이에게 안정감을 가져다준다고 합니다. 작가는 이 개념을 아이의 눈높이에 맞춰 창의적으로 표현한 것입니다. 『Goodnight Moon』이 75년 넘게 불변의 베스트셀러인 이유가 무엇인지 아시겠지요?

좋은 그림책은 글뿐만 아니라 그림도 무언가를 말하고 있습니다. 아이와 함께 그림에 대해 이야기를 나누다 보면, 제가 『Goodnight Moon』을 읽으며 느꼈던 감동이 무엇인지 경험할 수 있을 거예요. 글만 읽었을 때는 알아채지 못했던 그림책의 새로운 의미가 눈에 보이기 시작할 테니까요. 그림책 읽는 시간을 풍성하게 만드는 방법입니다.

동선에는 작가의 메시지가 담긴다

그림의 어떤 부분을 봐야 그림책의 의미에 더 깊이 감응할 수 있을까요? 동선의 방향이 특히 중요합니다. 동선이 어느 쪽으로 진행되느냐에 따라 작가가 표현하고자 하는 의미가 다르거든요. 일반적으로 왼쪽 위에서 오른쪽 아래로 움직이는 동선은 안정감, 갈등의 해소, 평안을 나타냅니다. 왼쪽 아래에서 오른쪽 위로 움직이는 동선은 불안감, 역동, 긴장 등의 불안정한 분위기를 만들고요.

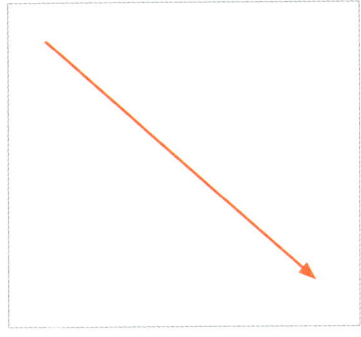

갈등의 해소, 평안을 나타내는 안정적인 동선

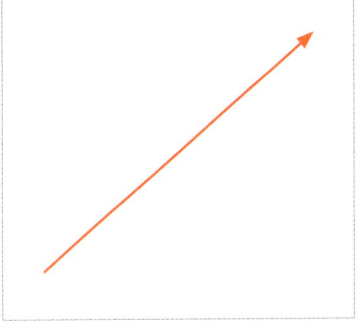

불안감, 역동, 긴장을 나타내는 불안정한 동선

시대를 앞서간 작가 완다 가그의 그림책 『Millions of Cats』를 예로 들어 볼게요. 1928년에 출간된 책인데도, 전통적이고 평이한 구성의 그림이 없는 책이죠. 다음 그림은 이 책의 한 페이지입니다. 그림 아래쪽에는 수많은 고양이가 서로 뒤엉켜 있고, 오른쪽 위에는 두 남녀가 달려가고 있습니다. 100만 마리 고양이가 남편을 따라가자, 부부가 싸우기 시작했다는 내용을 표현한 그림이에요. 책의 스

And they began to quarrel.

토리를 모른 채 그림만 보아도 어딘가 불안하고 흥분된 분위기가 느껴지지 않나요? 동선이 왼쪽 아래에서 오른쪽 위로 향하고 있기 때문입니다.

그림책 안에서 주인공이 어느 방향으로 움직이고, 어느 방향을 바라보는지도 중요해요. 세계적인 그림책 작가 모리스 샌닥의 그림책들은 동선의 묘미가 아주 잘 드러나 있죠. 대표작 『Where the Wild Things Are』를 함께 살펴볼까요.

그림을 보기 전에 기독교 문화권에서 왼쪽은 부정적이고, 오른쪽은 긍정적인 의미가 있다는 걸 기억하세요. 그럼 그림에 담긴 메시지가 더 잘 보일 겁니다. 주인공 맥스는 짓궂은 장난꾸러기입니다. 맥스의 동선은 대부분 왼쪽으로 향하죠. 한바탕 말썽을

『TWhere the Wild Things Are』
read aloud

부리며 계단을 달려 내려갈 때도, 그러다가 방에 갇히는 벌을 받았을 때도 맥스는 왼쪽을 바라보고 있습니다.

맥스가 오른쪽으로 시선을 돌리는 건 환상의 세계로 이동  하는 순간부터예요. 방에 갇혀서 심심해하던 맥스가 불현듯 환상 속 괴물들이 사는 나라로 떠나거든요. 상상의 배에 올라탄 맥스는 독자의 시각에서 오른쪽으로 항해하다가 괴물들이 사는 나라에 도착합니다. 괴물들은 책의 왼쪽에서 다가오는 맥스를 맞이해요. 이때부터 맥스는 늘 페이지의 왼쪽에서 등장합니다. 자연스레 괴물의 시선도 왼쪽을 향해 있죠. 거기에 맥스가 있으니까요.

책장이 넘어갈수록 맥스는 페이지의 중앙으로 자리를 옮겨요. 맥스가 괴물과 춤을 추고, 줄타기를 하고, 행진을 할 때도 괴물들의 시선은 여전히 왼쪽을 향해 있습니다. 괴물들이 잠에 들자 맥스는 드디어 오른쪽 끝으로 자리를 옮기는데요. 그 순간 문득 가족이 그리워집니다. 이때 맥스 시선은

괴물들이 사는 나라에 들어오는 통로였던 왼쪽을 향하고 있죠.

마침내 맥스는 괴물들과 작별하고 집으로 돌아갑니다. 이번에는 오른쪽에서 왼쪽으로, 집을 향한 항해를 시작하죠. 집으로 돌아온 맥스는 말썽을 부릴 때 뒤집어쓰고 있었던 늑대 후드를 벗으며 미소를 지어요.

맥스가 강아지를 괴롭히며 계단을 달려 내려올 때 왼쪽을 바라보았던 그림, 기억하시죠? 다시 돌아온 맥스는 더 이상 말썽을 부리지 않습니다. 왼쪽을 보고 있는데도요. 괴물들이 사는 나라에서 깨달음을 얻고 돌아왔기 때문입니다.

이 그림책에서는 맥스의 시선뿐 아니라 몸을 돌리는 행위에 큰 의미가 담겨 있어요.

줄곧 왼쪽을 바라보던 맥스가 괴물들이 사는 나라로 떠날 때는 몸을 돌려 오른쪽을 바라보는데요. 환상은 현실이 전복되는 장소이기 때문에 그렇습니다. 마치 거울에서 왼쪽과 오른쪽이 바뀌어 보이는 것처럼, 이 시선의 이동을 통해 맥스의 세계가 현실에서 환상으로 전환되었음을 표현한 거죠.

가장 중요한 변화는 괴물들이 사는 나라에서 시간을 보내던 맥스가 다시 몸을 돌려 왼쪽으로 항해를 시작하면서 생깁니다. 현실의 전복인 환상에서 한 번 더 전복을 일으키면 현실이 바뀐다는 의미가 담겨 있는 거죠. 주인공의 동선을 주의 깊게 살피면서 그림책을 보니 그 의미가 더 깊이 와 닿지 않나요? 이게 바로 그림책의 그림을 읽는 즐거움이랍니다.

그림 읽는 재미가 있는 책

데이비드 위즈너, 『The Loathsome Dragon』

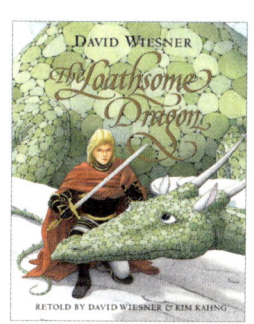

사악한 여왕이 아름다운 의붓딸에게 주문을 걸어 역겨운 용으로 변하게 만든 이야기가 펼쳐지는 그림책입니다. 서구에서는 용dragon을 붉은 계열로 그릴 때가 많은데요. 이 그림책의 용은 초록색이에요. 왜 그럴까요? 빨강이 열정, 흥분, 피의 색이라면 초록색은 자연과 악마의 색으로 여겨지기 때문입니다. 이렇게 그림책에 쓰인 색을 잘 살펴보면 한 나라의 문화가 보이기도 해요. 이를테면 1950년대 이전에 미국에서는 분홍색이 남자를 상징하고, 파란색이 여자를 상징했답니다. 그래서 고전 명화를 보면 아기 예수는 분홍색으로, 성모 마리아는 파란색으로 그려진 경우가 많습니다.

시드니 스미스, 『Sidewalk Flowers』

글이 없어서 그림을 충분히 음미하기 좋은 그림책입니다. 특히 그림의 색을 주의 깊게 보세요.

처음에는 소녀와 소녀가 든 꽃만 색이 칠해져 있습니다. 하지만 뒤로 갈수록 아이가 관심을 보이는 대상들이 하나씩 색을 찾아갑니다. 아이가 아빠 손을 잡고 공원을 나올 즈음에는 공원 전체가 온통 색으로 물들어 있죠. 컬러와 흑백이 섞인 그림은 강렬한 메시지를 전달합니다. 자연, 아이의 순수함은 색이 칠해진 반면, 각박한 도시의 모습과 어른들의 마음은 짙은 흑백으로 대비를 이루기 때문입니다.

이렇게 흑백 중에 두드러지는 컬러를 넣는 기법을 '컬러를 이용한 salience(두드러지기) 기법'을 썼다고 합니다. 스티븐 스필버그 감독의 〈쉰들러 리스트〉라는 영화도 같은 기법을 쓰고 있어요. 영화 전체가 흑백인데 오로지 작은 유대인 소녀의 빨간 외투만 컬러로 보이면서 그렇게나 작은 소녀도 학살한 나치의 잔학성이 두드러지거든요.

찰스 키핑, 『Willie's Fire-engine』

작가 찰스 키핑이 유년기에 겪은 경험과 외로운 마음을 표현한 자전적 작품이에요. 작가의 어린 시절과 닮은 주인공 윌리는 꿈속에서 용감한 소방관이 되어 공주를 구출하는 영웅이 되지요.

이 책에선 선의 굵기에 주목하세요. 작가는 빈민가의 연약한 아이들은 가늘고 섬세한 선으로 표현합니다. 또 환상과 현실이 섞이는 장면에서는 환상을 표현할 땐 테두리의 선을 생략하죠. 좋은 작품을 만드는 그림책 작가들은 이렇게 선 하나에도 큰 의미를 숨겨둔답니다.

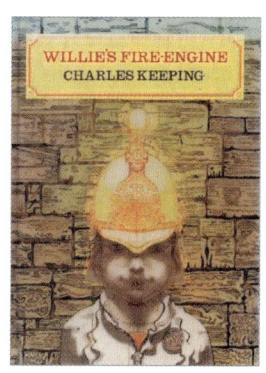

몰리 뱅, 『When Sophie Gets Angry-Really, Really Angry』

몰리 뱅의 이 작품은 '소리내어 읽기 좋은 콘셉트 북'으로 앞에서도 소개했는데요. 그림을 읽기에도 아주 좋아요. 주인공 소피의 상태를 그림으로 재밌게 표현했거든요.

소피의 감정이 변할 때마다 소피를 둘러싼 선의 색상이 바뀝니다. 소피의 감정이 잔잔할 때는 노란색, 장난감을 뺏겨서 화가 났을 때는 오렌지색으로요. 화가 난 소피가 바닷가에서 마음을 가라앉히고 집으로 돌아갈 때는 오렌지색이었던 선이 다시 노란색으로 바뀐 것을 볼 수 있어요.

영어를 전혀 모르는 아이도 그림은 깊이 감상할 수 있습니다. 그림 읽기가 중요한 것은 언어를 넘어서는 메시지를 발견하는 경험이기 때문이에요.

어린 시절부터 그림에 담긴 비언어적 메시지를 향유하는 법을 알면, 앞으로 어느 문화권에 가서도 언어를 초월해 인간의 보편적인 감정과 문화를 즐기고 나누는 일이 더 쉬워질 거예요. 이러한 관점에서 본다면 그림 읽기는 그림책 읽는 시간을 풍성하게 만들 뿐만 아니라 아이의 삶을 더 아름답게 만드는 일이 아닐까요?

더 넓은 세상을 보여주는 그림책

비주얼 리터러시는 그림책으로 시작해요

　그림책은 영어를 배우는 데 큰 도움이 됩니다. 어려운 외국어를 재미있게 배울 수 있도록 문턱을 낮춰주고, 짧은 시간 안에 어휘량을 폭발적으로 늘릴 수 있기 때문이죠. 이를 기반으로 아이들이 상상할 수 있는 세상도 넓어집니다. 제가 영어를 처음 배우는 아이들에게 동영상이 아니라 그림책을 보여줘야 한다고 주장하는 이유입니다.

　그렇다면 영어 그림책의 효용은 단순히 영어를 잘 배우기 위한 걸까요? 아닙니다. 그림책은 우리가 사는 세상이 어린이를 어떻게 대하는지 간접적으로 보여주고, 이 시대를 살아갈 때 필요한 새로운 시각을 전해주는 매개체예요. 여기서는 영어 그림책의 역할이 무엇인지 짚어보려고 합니다. 원론적이지만 중요한 이야기입니다.

영어책만 펼치면 움츠러든다?

"영어 그림책을 읽어줄 때 엄마가 영어를 잘해야 할까요?"

자녀의 영어 교육에 관심이 많은 부모님들을 만날 때마다 이런 질문을 받습니다. 결론부터 말하면 그렇지 않아요. 영어 그림책 읽기는 단순히 영어를 배우기 위해서만 필요한 활동이 아니니까요. 사실 외국의 유명한 그림책은 국내에 번역서로 출간된 경우가 많은데요. 그럼에도 원서를 읽어야 하는 이유는 영어 그림책이 함께 읽는 어른과 아이 모두에게 새로운 세계의 장을 열어주기 때문입니다.

영어 그림책을 읽기 위해서는 어른인 부모도 '외국어'라는 장벽을 넘어야 합니다. 낯선 언어를 알아야 그림책이 선사하는 세계에 진입할 수 있으니까요. 그림책은 아이의 눈높이에 맞춰져 있죠. 우리 모두 어린이였던 시절이 있지만, 어른이 된 후에는 그 시절을 새까맣게 잊고 성인의 잣대로 모든 걸 평가하죠. 그런 의미에서 영어 그림책을 읽는 건 소수자이자 약자가 되어보는 체험인 셈입니다.

부모와 아이가 서로의 눈높이를 맞추며 더 넓은 세상으로 여행을 떠날 수 있게 되죠. 부모의 영어 실력이 중요하지 않은 건 그래서예요. 그림책은 영어를 배우기 위해서가 아니라 아이에게 더 넓은 세상을 보여주기 위해 존재합니다.

그럼에도 부족한 영어 실력 때문에 고민이 된다고요? 양육자가 그림책의 모든 내용을 영어로 말해주지 않아도 괜찮습니다. 영어 그림책 읽기에서 가장 중요한 것은 '엄마와 아빠가 너와 함께 그림책을 읽고 있다'는 인식을 아이에게 심어주는 것이니까요. 그림책을 읽는 시간이 부모와 교감하는 시간이라는 것을 깨달은 아이들은 저절로 영어 그림책 읽기에 푹 빠져들게 될 테니까요.

영어에 자신이 없는 양육자를 위해 한 가지 팁을 드릴게요.

유튜브에 그림책 제목을 검색하면 책을 읽어주는 다양한 영상을 발견할 수 있어요. 부모님이 미리 그 영상을 반복해서 본 다음 아이에게 읽어주면 도움이 됩니다. 유튜브에서 양질의 영상을 찾기 위해서는 조회수가 높은 것부터 들어보는 게 좋은데요. 그중에서 가장 좋은 영상은 그 그림책을 쓴 작가가 직접 읽어주는 영상입니다.

저는 호주 작가 올리버 제퍼스가 『Stuck』을 읽어주는 영상을 특히 좋아해요. 연을 시작으로 온갖 물건들이 나무에 붙어버리는 내용인데 작가의 목소리로 들으니 한층 생동감 있게 느껴집니다.

올리버 제퍼스
『Stuck』

요즘은 챗GPT TTS^{text to speech} 기능을 이용하면 지문을 넣어서

음성으로 읽게 만들 수도 있습니다. Eleven Labs와 같은 TTS 전문 사이트를 이용하면 다양한 목소리로 음원을 다운로드 받을 수도 있어요.

사회의 어린이관, 그림책에서 보여요

그림책은 어린이만을 위한 책일까요? 아닙니다. 초창기 그림책은 문자를 모르는 하층민을 위해 만들어졌어요. 지금처럼 어린이용 도서가 하나의 산업이 된 것은 18세기 중반 무렵입니다. 영국의 출판인 존 뉴베리John Newbery가 처음으로 어린이를 위한 책을 만들면서부터죠. 이후 19세기 후반부터 출판계에 '어린이는 아름답고 순수한 것만 읽어야 한다'는 움직임이 일었습니다. 동화를 'Fairy Tale(요정 이야기)'이라고 부르기 시작한 것도 이때부터입니다.

그림책은 사회가 어린이를 바라보는 관점을 만들고, 예전부터 전해져 내려온 인습이나 풍토를 바꾸기도 합니다. 어린이는 '아름답고 순수한 것만 보아야 하는 미완의 존재'라는 시각은 아동 인권에 큰 기여를 했죠. 그 전에는 어린이를 '작은 어른'이라고 부르며 어른과 똑같은 노동을 하게 했거든요.

1976년에 태어난 미국의 소설가 잭 런던이 쓴 단편 「배교자The Apostate」에는 이런 시대 배경이 담겨 있습니다. 7세부터 공장에서 일을 시작한 조니가 16세에 가출하는 이야기를 그리고 있습니다. 작가의 어린 시절 경험을 바탕으로 쓴 자전적 작품이죠.

한동안 그림책에서 어린이는 모두 아름답고 순수한 모습이었습니다. 그러다가 또 한 번 변화가 찾아왔어요. 어린이가 보호받는 것이 당연한 세상에서, 아름답기만 한 이야기들은 어떤 소용이 있을까요? 과연 어린이는 순수하기만 할까요?

　이러한 생각을 바탕으로 기존 그림책의 인습을 깨는 작가들이 등장합니다. 대표적으로 모리스 샌닥Maurice Sendak과 마가렛 와이즈 브라운Margaret Wise Brown입니다. 어린이는 '독립적인 존재'라는 새로운 접근으로 영미권 그림책의 지평을 바꿔 놓았습니다. 새로운 시도가 처음부터 순탄하게 받아들여진 건 아니에요. 아이와 양육자 모두에게 큰 사랑을 받은 '모리스 샌닥 3부작'은 한때 금서로 지정돼 미국 공립도서관에서 반입 금지 도장이 찍히기도 했어요.

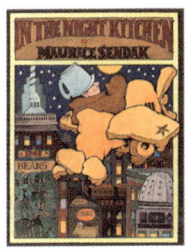
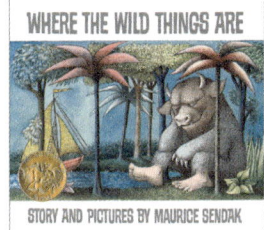
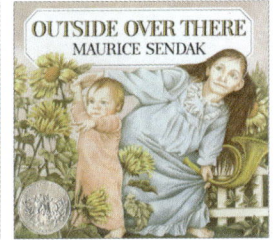

　위의 세 작품은 '모리스 샌닥의 3부작'이라고 불립니다. 『In the Night Kitchen』(1970)은 발가벗은 어린이가 등장한 것이 문제가 되어 금서로 지정된 적이 있어요. 『Where the Wild Things Are』(1963)에는 말 안 듣는 아이의 내면 여행이 펼쳐집니다. 그동안 그림책에서 등장하지 않았던 '아름답지 않은 괴물'이 주인공과 함께 어울리는 모습을 보여주죠. 『Outside Over There』(1981)는 육아에

무심한 엄마 대신 동생을 돌보는 어린이 이야기를 다룹니다. 위험에 처했다가도 어른의 보호와 훈계 아래에서 안전한 세계로 귀환하는 전통적인 어린이 서사와 거리가 먼 작품들이죠.

마가렛 와이즈 브라운의 작품은 어린이가 오감으로 인지한 세계를 어린이의 언어로 담아냅니다. 『The Runaway Bunny』(1942)는 엄마 토끼로부터 도망갔다가 돌아오는 아기 토끼 이야기입니다.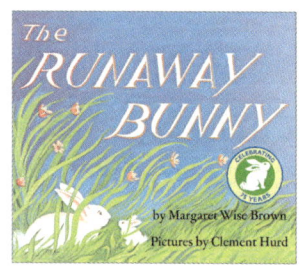

"엄마가 쫓아오면, 난 시냇물로 도망가서 물고기가 될 거야", "네가 물고기가 되면, 난 어부가 되어 널 잡을 거야"라며 '밀당'을 하는데요. 결국 어떤 상황에서도 "나는 네 엄마가 되어 널 안아줄 거야"라는 엄마 토끼의 말에 아기 토끼는 곁에 남아 있기로 하죠. 작가는 이 이야기를 통해 '엄마에게 의존하는 나'와 '홀로 선 나'라는 어린이의 두 가지 세계를 보여줍니다.

20세기 중반 이후부터는 그림책에 나오는 어린이의 모습이 무척 다양해졌어요. 작가들은 어린이를 모험의 주인공으로 그릴 뿐만 아니라, 자기 삶의 주체로 보는 시각을 중요하게 다루기 시작하죠. 이제 그림책 속의 어린이는 스스로 삶의 여러 사건에 능동적으로 참여하고, 주체성을 발휘하는 모습을 보여줍니다. 동화를 일컫는 말도 이제는 'fairy tale'보다 'children's stories(아이들의 이야기)'를 더 많이 사용합니다.

어린이 시대상이 담긴 그림책

모 윌렘스, 『Don't Let the Pigeon Drive the Bus!』

독특한 방식으로 어린이에게 주체성을 부여하는 그림책이에요. 2003년 출간된 이 책은 작가의 첫 작품인데요. 이듬해 미국 어린이도서관협회의 그림책상 '칼데콧 아너'를 수상했을 정도로 영미권에서 호평을 받았습니다. 버스를 몰

고 싶다고 떼쓰는 아이의 심리를 잘 보여준 이야기도 흥미롭지만, 그보다 더 중요한 게 있어요.

이 그림책은 모든 지문이 말풍선 속 대화로 쓰여 있는데요. 이 말풍선 안에 적힌 문장은 독자에게 건네는 말입니다. 예를 들면 버스 기사가 "비둘기에게 버스를 몰게 하지 말아요"라고 독자에게 부탁한 뒤 자리를 떠나면, 비둘기가 나타나서 "버스를 몰게 해주세요"라고 조릅니다. 마치 독자가 "안 돼, 버스를 몰지 마"라고 결정을 내려야 할 것 같은 구성을 취하고 있지요. 즉, 이 그림책은 독자인 어린이에게 힘을 부여합니다.

책 속 주인공이 독자에게 말을 거는 구성은 포스트모던 작품 기법인데요. 이를 그림책으로 접목해 어린이 독자를 책 속으로 끌어들이고, 어린이에게 책 내용을 결정할 수 있는 권력과 주체성을 부여하는 이야기라니, 놀랍지 않은가요? 어린이의 주체성agency을 이보다 더 완벽하게 구축한 작품이 또 있을까 싶습니다.

크리스티안 로빈슨, 『Last Stop on Market Street』

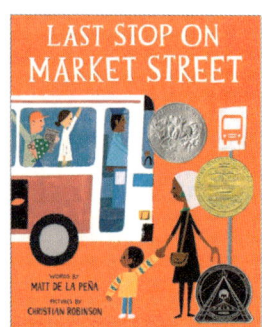

크리스티안 로빈슨Christian Robinson은 최근 영미권 그림책 시장에서 주목받는 젊은 작가입니다. 애니메이션 '세서미 스트리트'와 픽사 스튜디오에서 일한 경험을 발판으로 그림책 작가가 되었지요. 로빈슨은 글 작가의 동화에 삽화를 그리는 형식으로 그림책 작업을 하고 있어요.

『Last Stop on Market Street』은 글작가 맷 데 라 페냐Matt de la Peña와 함께 만든 작품인데요. 글로는 좀처럼 받기 어려운 '뉴베리 상'을 2016년에 수상했고, 그림으로는 '코레타 스콧 킹 상'과 '칼데콧 상'을 수상하며 미국 아동문학 최고상을 휩쓸었습니다. 버스를 타고 가난한 동네에 간 할머니와 아이가 무료급식소에서 봉사하는 얘기예요. 이곳에서 아이가 다양한 사람들을 만나며 유대감을 형성해가는 내용입니다.

크리스티안 로빈슨, 『Milo Imagines the World』

글과 그림의 조합이 놀라운 그림책입니다. 문학적인 수사가 돋보이는 글도 뛰어나지만, 무엇보다 로빈슨이 표현한 다양한 세계가 교차하는 그림이 큰 깨달음

을 줍니다. 현실과 마일로가 스케치북에 그리는 그림의 세계가 번갈아 나오면서, 아이가 그림을 통해 현실을 수용하고 성장해가는 모습을 그리고 있어요.

이처럼 로빈슨의 그림책 세계에서 버스는 중산층이 사는 동네와 빈민층이 사는 동네를 가로지릅니다. 지하철이 평범한 사람들의 세상과 교도소 안의 세상을 가로지르고요. 다양한 피부색, 외모, 능력을 가진 사람들이 도시에서 어우러지는 그의 그림은 21세기에 주목받는 가치관인 다양성과 포용성을 보여줍니다.

로빈슨의 작품은 어린이 문학에서 '변화의 목소리transformative voice'를 담당한다는 평을 듣습니다. 그동안 그림책에서 소외되었던 캐릭터, 이를테면 유색인종 어린이를 주인공으로 내세우고, 그 어린이의 시선을 통해 세상을 다르게 바라보는 방법을 알려주죠. 이로써 모두가 환영받는 세계를 그립니다.

한 사회가 어린이를 바라보는 시각은 인권을 보여주는 척도입니다. 어린이는 사회에서 자신의 목소리를 내기 어려운 가장 약한 사람들이니까요. 어른은 어린이의 마음을 잘 모릅니다. 누구나 한때는 어린이였지만, 어른이 되면 자신이 어리고 연약했던 시절의 마음을 잊게 된다는 점이 역설적이지요. 부모가 아이와 함께 그림책을 읽어야 하는 중요한 이유 중 하나입니다.

그동안 그림책으로 아이에게 영어를 쉽고 재미있게 알려주는 방법을 이야기했는데요. 그림책이 그저 학습의 도구로만 쓰이지 않기를 바랍니다. 그림책은 어른이 소수자가 되어보는 체험의 장이자,

어린이의 마음을 이해하고 세상을 다르게 바라보는 힘을 길러준다는 것을 꼭 기억해 주세요.

영어라는 장벽 하나를 함께 건너가는 체험을 꼭 그림책을 통해 아이와 손잡고 해보셨으면 합니다. 영어 그림책을 읽으며 아이와 함께 영어라는 장벽을 건너가는 체험은 아이와 부모 모두의 미래에 자양분이 될 것이라고 생각합니다. '경계를 가로지르는$^{crossing\ boundaries}$ 힘'은 다양성이 점점 중요해지는 세상에서 꼭 필요한 능력이니까요.

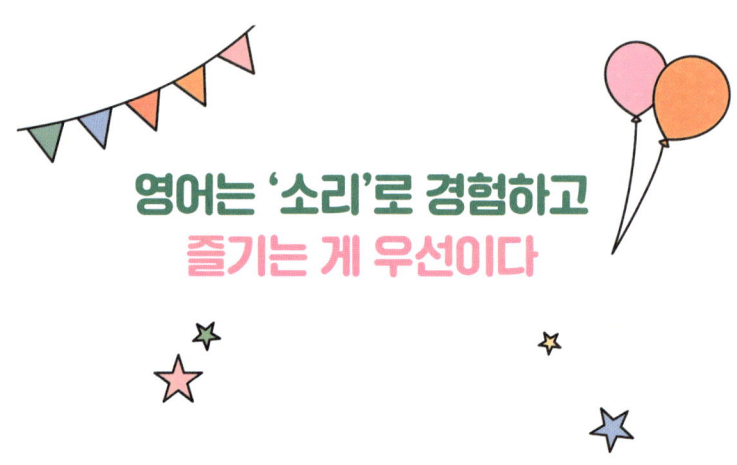

영어는 '소리'로 경험하고 즐기는 게 우선이다

듣기 귀가 뚫려야 읽기 눈과 말하기 입도 트인다!

그동안 한국의 엄마표 영어는 대부분 '읽기' 위주였지요. 파닉스부터 시작해서 단어를 익히고, 점차 문장을 읽히는 방식이었습니다. 중학교 때 영어를 교과목으로 시작해서 열심히 공부해야 했던 우리 부모 세대에겐 이것이 너무나 당연했습니다.

그런데 조이스박 교수님도 강조하신 것처럼, 언어는 듣기부터 시작하는 게 가장 자연스럽고 효율적인 순서예요. 우리 아이가 한국어를 배울 때도 글자를 읽고 쓰기 전에 수천 시간의 듣기 노출이 먼저였잖아요? 엄마와 아빠의 목소리를 들으며 반복적으로 들은 말을 기억하고, 자연스럽게 따라 말하며 언어 능력을 키워온 것이죠. 영어도 마찬가지예요. 글자보다 '소리'를 먼저 익히고, 반복해서 듣는 경험을 충분히 한 다음에야 비로소 읽기와 쓰기가 가능해집니다.

많은 부모님들이 영어 그림책을 사서 아이에게 읽어주기 시작하지만, 아이가 별로 흥미를 보이지 않거나 따라 읽지 않아 실망하는 경우가 많아요. 그럴 땐 아이가 영어 소리에 충분히 익숙하지 않기 때문이라는 점을 인지하는 것이 중요합니다. 아이의 귀가 먼저 열려야 입이 열리고 그 후에 눈과 손이 따라오게 됩니다.

특히 조기 영어 교육에서 '읽기'에 너무 집중하게 되면, 아이에게 영어가 재미없는 '공부'로 느껴질 수밖에 없겠지요? 영어는 '소리'로 경험하고 즐기는 것이 시작점이어야 합니다. 이 점에서 듣기 기반의 노출이 얼마나 중요한지 다시 한 번 강조드리고 싶어요.

다행히 이제는 기술의 발달로 인해 교실 밖에선 영어를 접하기 힘든 EFL 국가에서도 유튜브, 넷플릭스, 디즈니플러스 같은 다양한 OTT 플랫폼을 활용해 집 안에서도 영어 노출 환경을 쉽게 만들 수 있어요. 물론 이런 미디어들은 자극적일 수 있지만, 이보다 더 효과적인 언어 습득 방법은 없다고 생각합니다. 중요한 것은 이러한 도구들을 어떻게 활용하느냐예요. 미디어를 지혜롭게, 목적에 맞게, 규칙을 세워서 사용한다면 우리 아이들이 영어도 모국어처럼 습득하게 돕는 최고의 도구가 될 수 있습니다.

유튜브 영상

꾸준히가 답이다! 엄마는 쉽고 편하게, 아이는 즐겁고 재미있게!

엄마표 영어를 시도했다가 꾸준히 하지 못하고 포기하시는 부모님들을 너무나도 많이 봤습니다. 이유는 간단해요. 엄마도 아이도 할 게 너무 많으니 힘들어서 지속 가능하지 않기 때문입니다. 매일 영어 그림책을 꺼내어 소리내서 읽어주고, 원어민처럼 발음하려 신경 쓰고, 단어를 설명하며 공부를 하려니 엄마는 피곤하고, 아이는 부담을 느끼게 되죠.

그래서 '엄마표 영어 성공'의 핵심키 중 하나는 '엄마가 지치지 않는 구조'를 만드는 것이에요. 꾸준히 실천하려면 엄마가 힘들지 않아야 해요. 바로 여기서 유튜브의 역할이 중요해지는 게 아닐까 싶습니다. 영상이라는 도구는 엄마의 부담을 줄이면서도 아이의 흥미를 유지할 수 있는 치트키거든요.

시작은 슈퍼 심플송Super Simple Songs이나 코코멜론Cocomelon 같이 외국인 아이들에게 영어 교육을 목표로 만든 채널들로 하셔야 합니다. 이유는 다음과 같습니다.

1. 이 채널들의 영상들은 모두 아이들 귀에 익숙하고 중독성 강한 동요와 노래로 구성되어 있어요. 때문에 아이들이 아무런 거부감 없이 듣고 즐기면서 영어와 자연스럽게 친해질 수 있지요.
2. 동요와 노래의 가사는 아이들이 가장 먼저 알아야 할, 노출 빈도가 높은 필수 단어와 표현들로 이루어져 있어요. 이런 단어와 표현을 먼저 익히면 어떤 영어 영상을 봐도 어느 정도 이해하고 볼 수 있어서 영어 영상 노출의 효과가 배가 됩니다.

3. 가장 좋은 건 각각의 단어나 표현이 그림이나 애니메이션과 함께 제시되기 때문에 엄마가 따로 해석하거나 설명해주지 않아도 아이가 그 의미를 이해할 수 있다는 점이에요.

최고의 영어 노출 환경 만들기

중요한 건 영상을 그냥 틀어 놓고 아이가 혼자 보도록 방치하지 말고, 부모가 아이와 함께 보면서 상호작용을 해야 한다는 것입니다. 그렇다고 아이가 영상을 보는 동안 엄마가 질문을 하며 적극적으로 개입하라는 것은 아닙니다. 아이가 영상을 보는 동안은 몰입할 수 있는 환경을 만들어주시고, 영상 시청을 하기 전 또는 마친 후에 영상에 대해 대화를 나누는 것입니다. 물론 우리말로 해서도 됩니다. 예를 들어, 영상 속 캐릭터들이나 사건에 대해 간단히 이야기해보거나 등장인물의 행동에 대해 아이의 생각을 물어보는 거죠. 이 과정이 영어 학습이 아닌 일상적인 상호작용으로 느껴지면, 아이도 거부감 없이 영어를 받아들이게 되고, 다음에 영상을 더 집중해서 보고 싶어질 거예요.

이렇게 매일 1시간 정도 보여주면 좋습니다. 아이들이 영어가 우리말처럼 들리려면 대략 1,000시간 정도 의미 있는 듣기 노출 Comprehensilbe Input이 되어야 하거든요. 하루 1시간이면 3년 정도 노출해야 그렇게 될 수 있다는 계산이 나옵니다. 처음부터 1시간이 어렵다면, 처음에는 10~15분으로 시작해서 점차 시간을 늘려가면 됩니다. 매일 부담 없이 반복할 수 있는 구조를 만들면, 영어는 자연스럽게 아이 생활의 일부가 되고, '영어 노출'을 위한 별도의 시간을 내지 않아도 됩니다.

제가 그동안 맘 코칭을 하고 엄마들과의 커뮤니티를 운영하면서 5천여 가정과 함께 해왔어요. 그 과정에서 정말 다양한 상황의 부모님들과 만나며, 영어 노출에 성공하는 엄마들의 공통점을 자연스럽게 관찰하고 정리할 수 있었습니다. 성공하는 모든 가정의 공통점은 아이는 영어를 학습이 아닌 놀이처럼 즐기고, 엄마는 지치지 않고 부담 없이 실천할 수 있는 루틴을 만들었다는 것입니다.

특히 중요한 건, 단기간에 결과를 보려고 조급해하지 않고 '불안함 없이 꾸준히' 영어 노출을 이어가겠다는 엄마들의 마음가짐이었어요. 처음엔 소소하게 시작했지만, 그 루틴이 쌓여 어느 순간 아이의 영어 실력에 눈에 띄는 변화를 만들어냈습니다. 저는 현장에서 기적 같은 순간들을 수없이 목격했어요. 이러한 경험은 제가 지금의 실천 가이드를 만들게 된 가장 큰 동력이기도 합니다.

영어 그림책, 엄마가 읽어주기 힘들다면 유튜브로!

책에서 소개된 『Goodnight Moon』, 『Jamberry』, 『The Very Busy Spider』 같은 명작 그림책들은 대부분 유튜브에 리드 얼라우드Read Aloud 영상으로 올라와 있어요. 이 영상들은 대개 작가나 출판사의 공식 채널에서 제공되며, 화질, 음질, 읽어주는 방식 등 모든 면에서 퀄리티가 높습니다(종종 개인이 올린 영상들이 있긴 하지만 저작권 문제로 언제든지 삭제될 수 있다는 점은 유의하세요). 물론 가장 좋은 것은 엄마가 직접 읽어주는 것이지만, 그것이 어려운 분들에게는 유튜브 리드 얼라우드 영상이 훌륭한 대안이 될 수 있어요.

아이가 영어 종이 책을 싫어하거나, 엄마가 영어로 읽어주기가 부담스러운 경우에 유튜브에서 원어민 선생님이 읽어주는 영상을 통해 조금이나마 영어 책과 가까워질 수 있습니다. 아이는 스크린 속 목소리를 들으며 자연스럽게 영어 소리를 익히고, 눈으로는 그림과 책 속의 글자, 또는 자막을 함께 보면서 시각과 청각이 동시에 자극되기 때문에 학습 효과도 높아집니다.

특히 같은 책을 여러 번 반복해서 보여주면, 익숙한 문장이 아이의 입에서 자연스럽게 튀어나오게 돼요. 이것이 바로 '무의식적 언어 습득 subconcious acquisition'의 힘이에요. 듣고, 익숙해지고, 이해하고, 따라 말하는 순서로 아이의 영어 감각은 점점 단단해지게 됩니다.

이 책에 실린 QR코드를 스캔하면, 책에서 소개된 그림책들의 유튜브 리드 얼라우드 영상이 연결돼요. 부모님들은 이 영상들을 매일 하나씩 아이와 함께 시청하면 돼요. 이 과정을 통해 영상도 책의 일부처럼 활용될 수 있을 겁니다.

유튜브 이렇게 쓰면 루틴이 100배 편해져요!

유튜브는 단지 '영상을 보여주는' 플랫폼이 아니라 부모와 아이가 함께 참여하는 영어 환경을 만드는 훌륭한 학습 도구입니다. 어떻게 활용하느냐에 따라 학습 효과는 천차만별로 달라질 수 있어요. 유튜브로 집안에 영어 노출 환경을 만들어 주시면서 반드시 다음 3가지 방법을 활용해보시기 바랍니다.

필수 팁1: 나만의 재생목록 만들기

아이가 좋아했던 영상은 나만의 재생목록을 만들어 저장한 후에 두고 두고 반복해서 볼 수 있습니다. 다만 아동용 영상은 바로 재생목록에 추가가 되지 않습니다. 다음 순서대로 해보세요.

1. 유튜브 앱이나 웹사이트에 로그인하세요.
2. 유튜브 검색 창에 보고 싶은 영상을 검색합니다.
3. 해당 영상 우측에 점 3개로 표시 된 '더보기' 버튼을 누릅니다.

4. 메뉴 창에서 '재생목록에 저장' 버튼을 누르세요.

5. 원하시는 '재생목록'을 선택합니다.

6. '새 재생목록' 버튼을 눌러 재생목록을 새로 만들 수도 있습니다.

7. 제목은 예를 들면, '우리 아이 영어 루틴'처럼 구체적으로 적

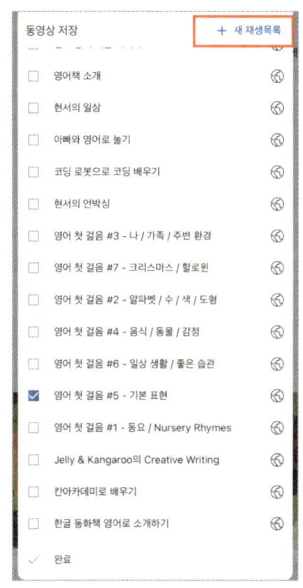

고, '공개/비공개/공유' 중에서 선택할 수 있습니다.

8. 영상 10~15개 정도를 모아두면, 매일 하나씩 자동으로 틀 수 있어 루틴 만들기에 아주 유용합니다.

필수 팁2: 아이 전용 부계정 만들기

유튜브는 알고리즘에 의해 영상들이 추천됩니다. 어떤 영상을

클릭하고 얼마나 보는지, 좋아요와 댓글을 쓰는지, 해당 채널을 구독하는지 등을 파악해서 사용자가 좋아할 만한 영상을 추천하는 방식이죠. 그런데 보통은 부모 계정에서 아이 영상을 함께 보여주다 보니 추천되는 영상의 종류가 혼재될 수밖에 없습니다. 아이한테 보여줄 때는 부계정(채널)을 만들어 보여주시면 아이한테 적합한 영상들만 추천이 될 겁니다. 유튜브에서는 '채널'이 부계정과 같은 개념이고, 만드는 방법은 다음과 같습니다. (채널 생성은 PC에서만 가능합니다. 스마트폰 유튜브 앱에서는 불가합니다.)

1. 유튜브에 로그인하기
PC 웹브라우저로 유튜브에 접속해 로그인을 합니다.

2. 우측 상단의 프로필 아이콘 클릭
유튜브 화면 오른쪽 위에 있는 프로필 아이콘을 클릭합니다.

3. [계정 전환] 클릭

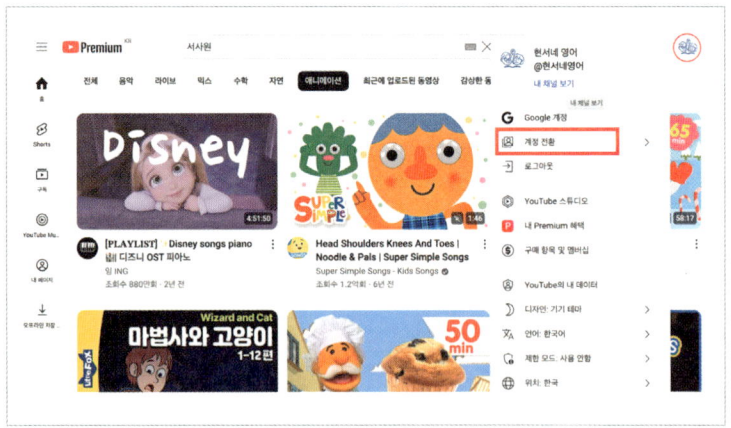

드롭다운 메뉴에서 [모든 채널 보기]를 클릭합니다.

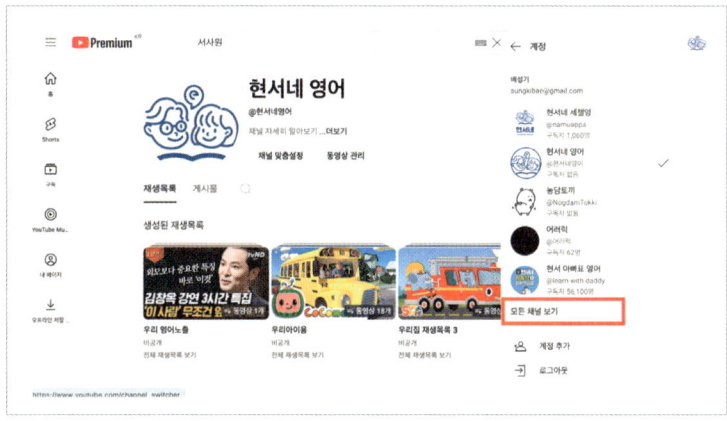

4. [채널 만들기] 클릭

여러 채널 중에서 맨 왼쪽에 있는 [채널 만들기]를 클릭합니다.

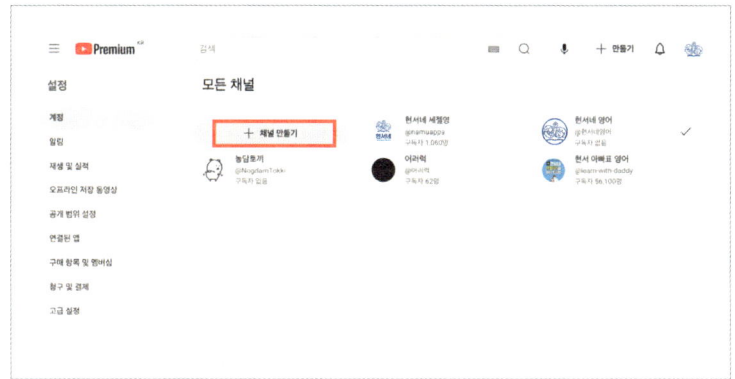

5. 아이 이름 또는 닉네임으로 채널 이름 입력

새 채널의 이름을 정합니다. 예를 들면, '현서의 영어 채널', "My Kids Channel" 등

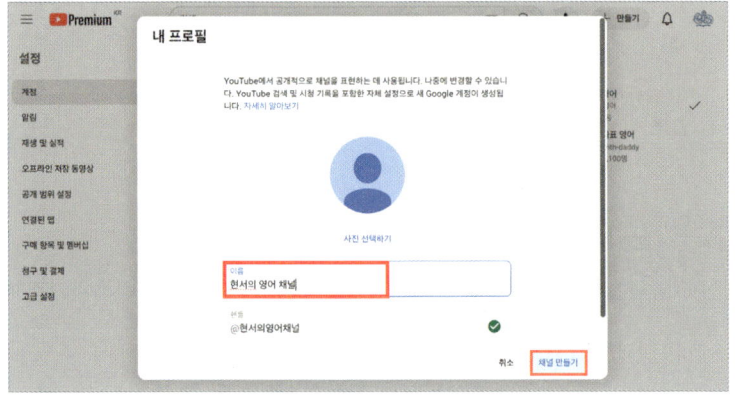

6. [채널 만들기] 버튼 클릭

이름을 정한 후 [채널 만들기] 버튼을 누르면 새 유튜브 채널이 만들어집니다.

7. 아이 채널로 전환된 상태에서 영상 시청

이제 이 채널로 전환해서 아이에게 유튜브 영상을 보여주면, 추천 알고리즘도 이 채널 기준으로 작동합니다.

필수 팁3: 스마트 TV로 캐스팅해서 함께 보기

거실에 스마트TV가 있다면, 엄마 스마트폰 유튜브 앱에서 재생한 영상을 스마트TV에서 재생할 수도 있습니다. 미러링mirroring은 스마트폰 화면 그대로 스마트TV에서 보이게 하는 방식이라 영상을 보는 동안 스마트폰을 사용할 수 없는 단점이 있습니다. 하지만 캐스팅casting 방법을 쓰면 영상을 보는 동안에도 엄마 스마트폰을 자유롭게 쓸 수 있으니 꼭 활용해보세요. 캐스팅으로 스마트폰과 스마트TV를 연결하는 방법은 다음과 같습니다.

1. 스마트폰과 TV가 동일한 와이파이에 연결돼 있어야 합니다.
2. 유튜브 앱의 '캐스트' 아이콘(화면 오른쪽 위 텔레비전 모양 아이콘)을 누르면 연결 가능한 TV 목록이 뜹니다.
3. 원하는 TV를 선택하면 바로 영상이 큰 화면으로 재생됩니다.
4. 영상의 일시정지/재생 다음 영상이나 다른 영상 선택 등 모두를 엄마 스마트폰으로 조정할 수 있습니다.
5. 아이는 큰 화면을 보면서 몰입도가 높아지고, 엄마도 함께 앉아 보면서 이야기를 나누기 좋습니다.

이런 간단한 설정만으로도 영상 활용도가 훨씬 높아지고, 영어 노출이 자연스럽게 일상 속으로 들어오게 됩니다. 다음 유튜브 영상을 참고해서 따라 해 보세요(QR코드 참고).

유튜브
영상 노출 꿀팁

재미와 학습 한 번에 잡는 단계별 추천 유튜브 채널
듣기 노출 시작하기 좋은 최고의 동요 채널

영어 노출을 처음 시작할 때는 노래와 리듬을 활용한 콘텐츠가 가장 효과적입니다. 가사 반복, 율동, 일상 어휘가 결합된 동요는 다음에 영어 소리에 익숙해지고 흥미를 갖는 데 탁월한 도구가 됩니다. 아래 소개하는 채널들은 영어를 처음 접하는 유아들에게 특히 추천되는 채널입니다.

Super Simple Songs

정말 단순한 가사와 반복되는 멜로디로 구성되어 아이가 쉽게 따라 부를 수 있습니다. 동작과 함께 노래를 익힐 수 있어, 말로 표현하기 전 단계에서 몸으로 영어를 익히는 데 적합합니다. 현서아빠가 추천하는 최고의 시작용 채널입니다.

Cocomelon

구독자 수가 2억 명에 가까운 최고의 인기 채널입니다. 일상생활과 관련된 영어 단어와 표현을 노래로 풀어냅니다. 밝은 색감, 친숙한 캐릭터, 반복 구조 덕분에 영어 노출 시간이 자연스럽게 늘어나는 채널입니다.

Steve and Maggie

어른의 눈으로 처음 봤을 때 약간 병맛이라 느낄 수 있지만, 싫어하는 아이가 없는 가장 저평가된 최고의 영어 교육 채널입니다. 상황극 형식으로 진행되어 아이의 집중도를 높이며, 간단한 문장을 반복해 영어 패턴 학습에 효과적입니다. Steve 아저씨의 리액션이 풍부해 몰입도가 매우 높습니다.

Mother Goose Club

영미권의 전래동요인 Nursery Rhymes의 대명사가 된 Mother Goose Club. 그만큼 유명한 브랜드이죠? 전래동요를 다양한 형식으로 재구성하여 전통적인 리듬과 라임Rhyme에 익숙해질 수 있도록 도와줍니다. 친근한 등장인물과 반복 구조 덕분에 유아의 소리 감각을 깨우는 데 좋습니다.

Bounce Patrol

사람이 나오는 영상을 좋아하는 친구들에게 강추합니다. 에너지 넘치는 율동과 리듬감 있는 곡들이 특징이며, 파닉스나 알파벳 관련

노래도 잘 구성되어 있습니다. 집중 시간이 짧은 아이도 즐겁게 시청할 수 있습니다.

즐겁게 파닉스를 배울 수 있는 최고의 채널

파닉스는 알파벳의 소리와 철자의 연결 관계를 배우는 단계로, 듣기에서 읽기로 넘어가는 중요한 가교입니다. 억지 학습이 아닌 놀이 기반의 반복 노출로 자연스럽게 음가를 익히는 것이 핵심입니다. 아래 채널들은 그런 방식에 적합하게 구성되어 있습니다.

Alphablocks

영국의 공영방송인 BBC에서 제작해 TV시리즈로 방영되었던 최고의 교육 콘텐츠입니다. 알파벳 캐릭터들이 서로 연결되어 단어를 만드는 형식으로, 아이가 단어 생성 원리를 눈으로 보고 귀로 들으며 자연스럽게 파닉스를 익힙니다.

Super Simple ABCs

Super Simple Songs의 자매 채널로 알파벳을 하나씩 소개하며 관련 단어와 문장을 반복해 보여주는 구성으로, 파닉스 입문자에게 안정적인 학습 환경을 제공합니다.

Jack Hartman Kids Music Channel

경쾌한 리듬으로 알파벳, 숫자, 음가 등을 율동과 함께 익힐 수 있어, 학습과 신체 활동이 함께 이루어지는 교육 효과가 있습니다.

DreamKids English Kids

실사와 애니메이션이 조합된 구성으로 아이가 시청에 몰입할 수 있습니다. 특히 파닉스를 처음 접하는 아이도 부담 없이 즐길 수 있는 콘텐츠입니다.

Ms Rachel

언어 치료사 출신의 Rachel 선생님이 천천히 또박또박 발음하며 발화 유도형 파닉스 학습을 제공합니다. 말하기 연습까지 유도되

는 전인적 접근 방식이 인상적입니다.

책으로 읽기를 돕는 Read Aloud 유튜브 채널

Read Aloud 영상은 아이가 책을 읽기 전, 읽기 환경에 대한 흥미와 친숙함을 갖게 해주는 데 효과적입니다. 좋은 리드얼라우드는 책의 구조와 흐름, 자연스러운 억양, 감정 표현 등을 보여주어 읽기 전 습관 형성의 초석이 됩니다.

HarperKids

유명 출판사에서 운영하며 고품질 그림책을 작가, 일러스트레이터와 함께 읽어주는 영상이 많습니다. 출판사의 전문성과 안정감 있는 구성이 강점입니다.

Vooks

그림책을 애니메이션화해 읽어주는 형식으로, 짧은 집중력에도 부담 없이 볼 수 있는 영상들이 많습니다. 시각적 요소가 풍부해 읽

기에 흥미를 붙이기 좋습니다.

StorylineOnline

할리우드 배우들이 책을 읽어주는 채널로, 생생한 억양과 감정 표현이 특징입니다. 부모가 읽어주는 것과는 다른 매력을 느낄 수 있습니다.

StoryTime at Anwinie's House

실제 엄마가 책을 읽어주는 형식으로, 가정에서 엄마와 함께 읽는 듯한 친근한 분위기가 장점입니다. 감성적이고 차분한 진행이 특징입니다.

KidTimeStoryTime

간단하고 짧은 이야기들이 중심이라 유아 및 초등 저학년 아이들이 집중하기에 적합합니다. 다양한 주제를 다루어 어휘 확장에도 도움이 됩니다.

미디어 중독 피하려면 꼭 기억해야 할 것

아무리 좋은 콘텐츠라도 과도한 미디어 사용은 조심해야 해요. 미디어 노출은 분명 자극이 세서, 많이 노출된 친구들은 독서나 공부를 상대적으로 지루하게 느낄 수 있습니다. 다음은 미국소아과학회AAP에서 부모들을 위해 만든 미디어 활용 권고안입니다.

0~18개월

영상통화 외 모든 화면 기반 미디어 사용은 피해야 합니다. 이 시기에는 아이의 발달에 영상 노출이 해로울 수 있기 때문입니다.

18~24개월

디지털 미디어를 보여주고자 한다면, 부모가 콘텐츠를 직접 선택하고, 아이와 함께 보면서 상호작용하는 방식을 추천합니다. 단순히 틀어주는 것이 아니라 설명하거나 반응을 유도해야 합니다.

2~5세

하루 1시간 이내의 고품질 영상 시청으로 제한하며 부모가 함께 보면서 아이의 이해를 도와주는 것이 중요합니다. 혼자 보는 것보다 부모와 함께하는 '공감적 시청'이 핵심입니다.

6세 이상

미디어 사용 시간과 종류에 대해 일관된 규칙을 정하고, 미디어 사용이 수면, 신체 활동 등 건강한 생활 습관을 방해하지 않도록 관리해야 합니다. 시간보다는 '균형'이 중요합니다.

그 외 추가 권고사항

- 식사나 자동차 이동 중에는 미디어를 사용하지 않는 시간 확보
- 침실 등 특정 공간은 미디어 없는 구역으로 설정
- 온라인 예절과 시민의식 교육도 병행(존중, 안전, 책임감 등)

이 권고안의 핵심은 단순히 시간을 제한하는 것이 아니라 "아이 혼자 보게 두는 것을 막고, 부모와 함께 상호작용하는 방식으로 미디어를 활용하라"는 메시지입니다. 특히 유아기의 뇌 발달과 사회성 발달을 고려할 때 '같이 보기 Co-viewing'가 아이의 언어, 정서, 인지 능력 향상에 큰 영향을 줍니다.

특히 스마트폰으로 아이 혼자 보도록 하는 것보다 거실에 함께 앉아 대화를 나누며 큰 TV로 시청하는 방식이 훨씬 효과적이에요.

영상은 단순한 시청이 아니라 아이와의 상호작용 기회로 활용할 수 있어요. 미디어 노출 시 다음과 같은 팁을 기억해주세요.

- 시간과 장소를 정해두기: 특정 시간대에만 시청하게 하면 통제가 쉬워요.
- 공동 시청을 원칙으로 하기: 아이가 보는 영상에 대해 엄마 아빠가 함께 보고 대화할 수 있어야 해요.
- 시청 후 간단한 감정 나누기: "재미있었어?", "가장 기억에 남는 장면은 뭐였어?"와 같은 질문으로 아이의 생각을 이끌어내세요.

영상은 잘만 활용하면 영어를 위한 최고의 도구가 될 수 있어요. 단, 사용하는 방식과 환경이 중요하다는 점을 꼭 기억해 주세요.

마무리하며

교수님의 이론이 제시한 '듣기 기반 영어 습득'은 학문적으로도 실천적으로도 매우 중요한 방향입니다. 이 이론을 일상에서 실현하려면 '지속 가능한 실천법'이 함께 실행되어야 해요. 이 장에서는 그 실천법을 엄마와 아이가 함께 쉽게 할 수 있는 방식으로 정리해 보았습니다.

유튜브는 단순한 동영상 플랫폼이 아니에요. 영어 그림책을 대체하거나 보완하는 '소리 기반 언어 환경'을 제공하는 새로운 도구예요. 매일 반복적으로 보여주고, 짧게 이야기 나누는 것만으로도 아이의 언어 감각은 풍부해집니다. 혹시 내가 잘하고 있는 걸까, 지금 방식이 맞는 걸까 고민된다면 이렇게 생각해 보세요.

영어는 '정답'이 중요한 게 아니라 '경험'이 중요하다.

아이와 매일 영어를 경험하게 해주는 것, 그것이야말로 가장 큰 선물입니다. QR코드를 따라가 보세요. 책 속의 그림책들이 영상으로 살아 숨 쉬는 공간이 열릴 거예요. 아이와 영어의 첫 경험, 그 길에 이 챕터가 작은 불씨가 되길 바랍니다.

유튜브 영상

바른 교육 시리즈 46
소리로 시작하는 영어 그림책

초판 1쇄 인쇄 2025년 11월 15일
초판 1쇄 발행 2025년 11월 20일

지은이 조이스 박, 배성기

대표 장선희 **총괄** 이영철
기획편집 정시아, 안미성, 오향림
디자인 이승은, 장혜미 **외주디자인** LUCKY BEAR
마케팅 이은진, 양아람, 박현우, 서세원
경영관리 전선애

펴낸곳 서사원(주) **출판등록** 제2023-000199호
주소 서울특별시 마포구 성암로 330 DMC첨단산업센터 713호
전화 02-898-8778 **팩스** 02-6008-1673
이메일 cr@seosawon.com

홈페이지   인스타그램

ⓒ 조이스 박, 2025

ISBN 979-11-6822-481-0 13590

- 이 책은 저작권법에 따라 보호를 받는 저작물이므로 무단 전재와 무단 복제를 금지합니다.
- 이 책 내용의 전부 또는 일부를 이용하려면 반드시 저작권자와 서사원 주식회사의 서면 동의를 받아야 합니다.
- 잘못된 책은 구입하신 서점에서 바꿔 드립니다.
- 책값은 뒤표지에 있습니다.

 서사원은 독자 여러분의 책에 관한 아이디어와 원고 투고를 설레는 마음으로 기다리고 있습니다. 책으로 엮기를 원하는 아이디어가 있는 분은 서사원 홈페이지의 '출간 문의'로 원고와 출간 기획서를 보내주세요. 고민을 멈추고 실행해보세요. 꿈이 이루어집니다.